Harald Karl
Kombucha selbst machen

Harald Karl

Kombucha selbst machen

Tipps und Wissenswertes direkt vom Hersteller

original-kombucha.de

Bibliografische Information der Deutschen Nationalbibliothek:
Die Deutsche Nationalbibliothek verzeichnet diese Publikation in der Deutschen Nationalbibliografie; detaillierte bibliografische Daten sind im Internet über http://dnb.dnb.de abrufbar.
Die Originalausgabe

11. Auflage 2019, Ergänzungen und Änderungen

Satz und Herstellung: Harald Karl

Harald Karl, independently published

Erstausgabe Juni 2012

Fotos: Harald Karl, Umschlag und alle Fotos im Buch

Umschlag: o. Matt Tilghman, m: ub-foto, fotolia, r.o. Dudarev Mikhali, m.u. Ambrose, Fotolia, r.u. Aivolie

Umschlag: Tran Hoàng Quoc Trung, Vietnam, Ho Chi Minh City

ISBN: 978-3-00-039734-9

Alle in diesem Buch beschriebenen Methoden zur Herstellung von Kombucha sollten sorgfältig und in Ruhe ausgeführt werden. Lassen Sie insbesondere im Umgang mit heißem Wasser und Glas Vorsicht walten. Bei der Herstellung von Kombucha ist stets auf ausreichende Hygiene zu achten. Alle Anwendungen und das Trinken von Kombucha sind in keinem Fall als Heilmethode zu verstehen. Der Autor ist kein Arzt. Bitte suchen Sie bei unklaren Symptomen oder gesundheitlichen Beschwerden ärztlichen oder naturkundlichen Rat. Der Autor und der Verlag übernehmen keinerlei Haftung für Schäden jedweder Art, die sich direkt oder indirekt aus der Befolgung der hier vorgestellten Anleitungen und Vorschläge ergeben sollten.

Inhaltsverzeichnis

WIDMUNG

Ich widme dieses Buch allen Menschen, die sich gesund ernähren möchten und gleichzeitig unnötigen Verpackungsmüll vermeiden wollen. Kombucha selbst machen bedeutet, einen industriellen Herstellungsprozess zurück in die eigenen Hände zu nehmen, mit allen damit verbundenen ökologischen und ökonomischen Vorteilen. Deshalb leistet Kombucha selbst machen einen Beitrag zu mehr Lebensqualität für Mensch und Umwelt.

Danksagung

Dieses Buch konnte nur durch die vielen sachkundigen Fragen und Anregungen unserer Kunden, Freunde und Fans entstehen. Ich möchten uns deshalb an dieser Stelle ganz besonders bei Ihnen allen für Ihr Interesse und Ihre Unterstützung bedanken.

Vorwort

Kombucha ist der Geschmackssieger unter den Gärgetränken. Von der sagenumwobenen Wirkung seiner zahlreichen vitalen Inhaltsstoffe kann nur der profitieren, der Kombucha selbst herstellt. Denn handelsübliche Kombucha-Fertiggetränke werden während des industriellen Herstellungsprozesses meist stark erhitzt und dabei wertvolle Vitalstoffe vollständig abgetötet. Gerade diese Inhaltsstoffe sind es jedoch, die Kombucha heute zu einem der beliebtesten Gärgetränke machen.

Auch Sportler nutzen Kombucha gerne vor einer Trainingseinheit, um kurz zuvor aufgenommene Nahrung besser verwerten zu können. Die Energiezufuhr erfolgt mit Kombucha über einen längeren Zeitraum hinweg, anstatt nur kurzzeitig anzuregen, wie das bei handelsüblichen Energydrinks der Fall ist.

Kombucha ist probiotisch, enthält zahlreiche Antioxidantien und ist ein natürlich basisches Lebensmittel. All dies macht Kombucha zum Superfood!

Die bisher erschienenen Veröffentlichungen zu Kombucha legen den Schwerpunkt auf Wirkungsweisen, Erfahrungsberichte und Rezepte. Hinweise zur Herstellung werden nur in Grundzügen dargelegt. Die Autoren versäumen es jedoch meist, hinreichend auf die Fragen einzugehen, die sich jedem Neueinsteiger bei der Kombucha-Herstellung früher oder später stellen. Bleiben diese unbeantwortet, verleiten sie auch erfahrene Kombucha- Fans zu irrtümlichen bis hin zu mysteriösen Erklärungsversuchen, die auch schon einmal dogmatisch vertreten werden und an Glaubenssätze erinnern. Zusammenhänge werden in der Literatur oft nur oberflächlich erklärt, unverständlich formuliert, sind schwer zu finden oder sogar falsch dargestellt.

Diese Lücken schließ „Kombucha selbst machen". Im vorliegenden Buch finden Sie die meistgestellten Fragen zur Kombucha-Herstellung – übersichtlich geordnet, leicht aufzufinden und praxisnah beantwortet. Ausgewählte Rezepte mit Kombucha werden vorgestellt, Dazu zählt auch eine bewährte Gesichtscreme, die viele industrielle Produkte in den Schatten stellt.

Wir möchten mit Ihnen unsere jahrzehntelangen, eigenen Erfahrungen bei der Herstellung und der Pflege von Kombucha-Kulturen teilen und unser aus unterschiedlichsten Quellen angesammeltes Wissen an Sie weitergeben. Wegweisend waren für uns dabei die Fragen und Erfahrungen von Kunden, Freunden und Fans. Sie geben dem Buch seine besondere Praxisnähe. Alles wurde sorgfältig zusammengetragen und mit Hintergrundinformationen, Hinweisen und Tipps ergänzt.

Das Buch räumt nicht nur mit weitverbreiteten Irrtümern zum Thema Kombucha-Herstellung auf, sondern beantwortet die wichtigsten Fragen, darunter: „Wie kann man Kombucha herstellen, dass es so schmeckt, wie man es möchte?" „Welcher Zucker ist dafür geeignet?" „Kann man Honig oder Stevia zum Süßen verwenden?" „Welcher Tee ist geeignet und welcher schmeckt mit Kombucha am besten?" „Was bedeutet es, wenn der Kombucha-Teepilz absinkt?" „Braucht Kombucha Dunkelheit?" „Welches Gärgefäß ist das richtige?" „Was tun, wenn im Kombucha-Getränk keine oder nur sehr wenig Kohlensäure entsteht?" „Wie hoch ist der Alkoholgehalt in Kombucha und auf welche Weise kann man diesen deutlich beeinflussen?“

Am Ende des Buches wird Original-Kombucha.de, Europas größter Anbieter und Spezialist für den Original-Kombucha-Teepilz mit Ansatzflüssigkeit, also für die originale Kombucha-Kultur in Markenqualität, vorgestellt.

„Kombucha selbst machen“ ist ein Nachschlagewerk. Jeder Beitrag widmet sich einem Thema oder ist die Antwort auf eine Frage und soll einen sinnvollen Gesamtzusammenhang aufzeigen. Dadurch sind Wiederholungen an einigen Stellen unvermeidbar.

Wir freuen uns über Ihre Fragen und Anregungen, die wir dann gerne in die folgende Ausgabe von „Kombucha selbst machen“ einfließen lassen werden. Wir sammeln und überprüfen beständig unseren Wissensschatz rund um Kombucha und geben ihn gerne an Sie weiter. Haben Sie einen Hinweis oder eine Frage, die Ihnen wichtig ist? Dann schreiben Sie einfach an: mail@original-kombucha.de

In der 11. Auflage sind einige wichtige Korrekturen und Ergänzungen zu finden. Wissen ist in beständiger Entwicklung. Diese Korrekturen und Ergänzungen entstanden aus unseren neu gewonnenen Erfahrungen, den Fragen und Anregungen unserer Kunden, Freunde und Fans, entsprechend dem Motto dieses Buches: Aus der Praxis – für die Praxis.

Herzlichen Dank!

I Allgemeines zu Kombucha

1. Was ist Kombucha?

Der Original-Kombucha-Teepilz macht aus einfachem Tee und Zucker ein köstliches Wellnessgetränk. Kombucha enthält ein breites Spektrum an wertvollen, vitalen Inhaltsstoffen, die der Körper täglich braucht, und ist zugleich ein hervorragendes Erfrischungsgetränk. Es belebt den ganzen Organismus und ist im Sommer wie im Winter beliebt.

Die hochvitalen Inhaltsstoffe erzeugt der Original-Kombucha-Teepilz vollkommen natürlich und perfekt aufeinander abgestimmt. Das selbst hergestellte Kombucha-Getränk ist damit ein wahrer Jungbrunnen und eine Quelle der Vitalität.

Kombucha ist als Gärgetränk legendär und in der ein oder anderen Form bereits seit Jahrtausenden an vielen Orten der Welt bekannt. Es schmeckt leicht säuerlich, enthält gewöhnlich nur sehr wenig Alkohol und entwickelt durch die vollkommen natürliche Gärung alkoholähnliche Geschmacksnuancen.

Anders als bei den heute in zahlreichen Supermärkten angebotenen Kombucha-Fertiggetränken, die zur Verlängerung der Haltbarkeit bei ihrer Herstellung stark erhitzt wurden, bleiben bei der Eigenherstellung sämtliche vitalen Inhaltsstoffe erhalten. Die Getränkeindustrie bietet auf Kombucha basierende Bio-Limonaden in vielen Geschmacksrichtungen an – eine Tatsache, die bislang nur wenigen Verbrauchern bekannt ist. Stellen Sie Kombucha deshalb einfach selbst her und profitieren Sie von seinen Vorzügen. Damit erhalten Sie ein gesundes Getränk und Sie sparen zugleich eine Menge Geld.

Jeder kann das legendäre Kombucha-Getränk zu Hause selbst zubereiten und so von den Kräften der Natur profitieren. Schon unter Verwendung unterschiedlichster Teesorten und Teemischungen lässt sich der Geschmack von Kombucha nach Belieben variieren. Mit ein wenig Übung ist das ganz einfach und im Handumdrehen entstehen exklusive Kreationen. Die Variationsmöglichkeiten sind grenzenlos, besonders wenn man Kombucha vielleicht auch einmal mit Sirupen, Fruchtsäften oder auch alkoholhaltigen Getränken mischen möchte.

2. Wie ist Kombucha von Asien zu uns gelangt?

Der Kombucha-Teepilz hat zahlreiche Namen und um seine Wirkung ranken sich viele wundersame, mythenreiche Geschichten. Es wird vermutet, dass Menschen im asiatischen Raum seiner vitalisierenden und erfrischenden Wirkung schon seit Jahrtausenden vertrauen.

In historischen Quellen finden sich Hinweise darauf, dass die Chinesen den Kombucha-Teepilz schon während der Han-Dynastie kannten. Kaiser Qin Shi Hungdi, der vermutlich erste Kaiser Chinas, der zum Schutz seines Reiches den Bau der Chinesischen Mauer angeordnet haben soll, beschäftigte sich mit zunehmendem Alter mit dem Thema der Unsterblichkeit. Es heißt, ein Alchimist habe ihm eines Tages den „Trank des ewigen Lebens“ gegeben: Kombucha.

Seine Unsterblichkeit habe der Kaiser jedoch verwirkt, als er zu ihrer Erlangung außer Kombucha zusätzlich mit der

Einnahme von quecksilberhaltigen Tabletten begonnen habe. Dies hatte seinen baldigen Tod zur Folge.

Eine andere Überlieferung erzählt, dass im Jahre 414 nach Christus ein koreanischer Wandermönch und Naturkundiger namens Ha-chimu-kamu-ki-mu, der kurz Kombu genannt wurde, an den Hof des japanischen Kaisers Inkyogekommen sei. Er habe dem Herrscher, der unter einer lebensbedrohlichen Krankheit litt, ein ungewöhnliches Geschenk gemacht. Denn er überreichte ihm lediglich ein unscheinbares Etwas: einen Teepilz. Man erzählt sich, dass der Kaiser seine Bediensteten sogleich anhielt, diesen Wundertrank entsprechend den Anweisungen des Mönchs herzustellen.

Als er das perlende Getränk anschließend kostete, sei er davon sehr angetan gewesen und seine Beschwerden verschwanden alsbald. Das ganze Land feierte die Genesung des Kaisers und verehrte daraufhin den Wandermönch zutiefst. Der Kaiser erließ den Befehl, dass dieses köstliche Getränk fürderhin an seinem Hofe hergestellt und gereicht werden sollte. Die sagenhafte Wirkung sprach sich schnell herum und so erhielt das Getränk den Namen des Wandermönchs: „Kombucha" (gesprochen Kombudscha), was übersetzt nichts anderes bedeutet als „der Tee des Kombu".

Das Getränk trat in den darauffolgenden Jahrhunderten einen Siegeszug um die Welt an und gelangte schließlich über Asien nach Europa, wo es schon seit Beginn des 20. Jahrhunderts bekannt ist. Auch in Russland und auf dem Balkan wird Kombucha schon seit langer Zeit sehr geschätzt. Von dort kam es in den 1920er Jahren wahrscheinlich über die slawischen Länder nach Ungarn und von dort zu uns.

Wer den Kombucha-Teepilz zum ersten Mal sieht, ist von seinem Anblick vielleicht enttäuscht. Denn der Teepilz sieht eher unscheinbar, manchmal sogar seltsam aus: Dass es sich hierbei einst um das Geschenk an einen Kaiser gehandelt haben soll und der Kombucha-Teepilz heute als Geheimtipp unter Hollywoodstars gehandelt wird, klingt zunächst unglaubhaft. Gibt man den Kombucha-Teepilz aber in gesüßten Tee mit ausreichend kultureigener Ansatzflüssigkeit, wird dieser Tee in wenigen Tagen zu einem köstlichen Wellnessgetränk.

3. Was ist das „Geheimnis“ von Kombucha?

In Frankreich gibt es eine wunderbare Umschreibung für Kombucha, dort wird es als „Élixir de longue vie“, als „Elixier für ein langes Leben“, beschrieben und der Kombucha-Teepilz gar als „champignon miracle“ als „wundersamer Pilz“.

Den natürlichen Alterungsprozess zu stoppen oder sogar umzukehren ist ein Traum, der so alt ist wie die Menschheit. Die Liste der Empfehlungen hierzu ist endlos. Dabei stößt man auch immer wieder auf die sagenumwobene Wirkung von Kombucha.

Geheimnisvoll ist für uns immer das, was wir noch nicht kennen, verstehen oder erklären können. Wie Kombucha einfachen gezuckerten Tee in so ein gesundes und wohlschmeckendes Getränk verwandeln kann, das womöglich das Erreichen eines hohen Alters begünstigt, ist zweifellos rätselhaft.

Der Ursprung des Kombucha-Teepilzes wird in Asien vermutet. So manches aus der asiatischen Kultur erscheint uns Europäern bis heute oftmals unergründlich. Interessant ist beispielsweise, dass in Asien der Ursprung aller Weltreligionen liegt. Hier soll es auch Menschen geben, die Schmerzempfinden und natürliche Alterungsprozesse in erstaunlicher Weise zu beherrschen vermögen. Woran das wohl liegen mag?

Diese und andere Phänomene sind heute Gegenstand wissenschaftlicher Forschungen. Für viele davon gibt es jedoch bis heute keine hinreichenden wissenschaftlichen Erklärungen.

Auch für die Wirkungsweise von Kombucha fehlen bis heute hinreichende wissenschaftliche Beweise und Untersuchungen. Sicher ist nur, dass das selbst hergestellte Kombucha-Getränk Inhaltsstoffe enthält, die der menschliche Körper entsprechend geltenden Ernährungsempfehlungen täglich braucht, und dass die darin enthaltenen Mikroorganismen die Verdauung anregen.

Kombucha ist in seiner genauen Zusammensetzung sehr variabel. Diese hängt zum einen stark von dem dafür verwendeten Wasser und Tee ab. Zum anderen sind der Zucker, die für den Gärprozess wichtige Luftzufuhr, das Herstellungsverfahren weitere wichtige Faktoren. Sowohl der Teepilz als auch das Kombucha-Getränk sind also immer wieder ein wenig anders. So wäre es nur in einer groß angelegten wissenschaftlichen Studie und unter strengen Laborbedingungen möglich, die genaue Zusammensetzung und die Wirkungsweise von Kombucha zu erforschen.

Da die Qualität von Kombucha immer auch stark von der jeweiligen Umgebung abhängt, in der es hergestellt wird, kann Kombucha in der spezifischen Zusammensetzung seiner Inhaltsstoffe als ideale „Nahrungsergänzung", passend zum jeweiligen Lebensumfeld, gesehen werden. Dieser Zusammenhang ist eine bisher nirgends angemessen gewürdigte Besonderheit von Kombucha und wohl Teil seines Mysteriums.

Man wird das tiefere Geheimnis von Kombucha am ehesten ergründen, wenn man sich selbst damit befasst, es regelmäßig selbst herstellt, trinkt und seine eigenen Erfahrungen damit sammelt. Je mehr Menschen dies tun, desto eher kann dies geschehen.

4. Welche Beschaffenheit hat der Kombucha-Teepilz?

Der Kombucha-Teepilz ist kein einheitlicher Organismus und botanisch betrachtet auch kein Pilz, sondern eher eine Flechte. Er besteht aus einer weißlich-beigefarbenen Masse, hinter der sich eine Lebensgemeinschaft von Hefen und Bakterien verbirgt, die von Cellulose zusammengehalten wird. Ihre Zusammensetzung ist unterschiedlich und bisher nirgends einheitlich klassifiziert worden.

Bei dieser Lebensgemeinschaft handelt es sich um eine Art Symbiose von Hefen und Bakterien, da sie sich gegenseitig nutzen. Sie schaffen füreinander günstige Lebensbedingungen. Hefen produzieren verschiedene Stoffe wie Alkohol, von denen sich wiederum die Bakterien ernähren. Bakterien produzieren aus Alkohol und Sauerstoff die organischen Säuren – beispielsweise Milchsäure, die wiederum von den Hefen genutzt werden.

Der Kombucha-Teepilz kann sehr verschieden aussehen. Er ist so weich wie Gummi und trotzdem kompakt, seine Konsistenz gleicht ein wenig der eines Pfannkuchens. Seine

Oberflächenform reicht von glatt bis sehr uneben. Während des Gärprozesses kann es durch die damit einhergehende Blasenbildung zu Wölbungen kommen, oder es können sogar Löcher im Pilz entstehen. Auch bilden sich oft fetzenartige Ablagerungen am Pilz, die je nach verwendeter Tee Sorte auch die entsprechende Farbe annehmen können.

Flüssigkeitseinlagerungen in der Pilzkultur können partiell zu durchsichtigen Stellen fuhren. Die Kultur selbst ist dadurch jedoch in ihrer Qualität nicht beeinträchtigt. Sie kann wieder vollkommen einheitlich gefärbte und selbst bei ungleichmäßigem Wachstum völlig gleichförmige Ableger bilden. Auch der Flüssigkeitsanteil kann im Kombucha-Teepilz variieren. Bei einem hohen Flüssigkeitsanteil kann die Beschaffenheit insgesamt weicher oder fast glasig erscheinen.

Der Kombucha-Teepilz breitet sich auf der Oberfläche der Nährlösung flächenartig aus und verdickt dadurch die unmittelbar darunter liegende Teepilzkultur, oder es bildet sich auf der Oberfläche ein neuer Teepilz. Der Kombucha-Teepilz wächst in mehr oder weniger fest miteinander verbundenen Schichten. Sinkt der Teepilz auf den Boden des Gärgefäßes, bildet sich an der Oberfläche ein neuer heran. Der abgesunkene Kombucha-Teepilz stellt sein Wachstum hingegen ein. Weitere Schichten können auch dann entstehen, wenn beispielsweise durch die Bewegung des Gärgefäßes Flüssigkeit auf die Oberfläche des Teepilzes gelangt und sich dort eine neue Schicht bildet. Geschieht das nicht, wird der Teepilz nach und nach von selbst immer dicker, indem sich an der Oberfläche immer wieder eine neue Schicht ausbildet. Ein vitaler, dünner Teepilz erfüllt seine Aufgabe ebenso gut wie ein vitaler, dicker Teepilz. Schon ab 0,3 Zentimetern ist ein eigenständiger Kombucha-Teepilz zur Weiterverwendung bestens geeignet. Dicke Pilzkulturen haben den Nachteil, dass sie unnötig viel Flüssigkeit verdrängen. Tatsächlich ist die ausreichende Menge der gut gesäuerten

Ansatzflüssigkeit entscheidend für den erfolgreichen Gärprozess und auch ohne Pilzkultur entsteht Kombucha und wieder ein neuer Pilz.

Bei der Kombucha-Herstellung bildet sich an der Oberfläche oft Schaum. In dieser Schäumung sammeln sich auch Schwebstoffe aus dem verwendeten Tee. Diese Schäumung kann dann inselartig, also in abgegrenzten Bereichen, auf der Oberfläche der Flüssigkeit im Gärgefäß auftreten und sich durch den Farbstoff aus dem Tee bräunlich verfärben. Hier entsteht dann meist ein Loch im Teepilz. Dies sieht auf den ersten Blick manchmal seltsam aus. Schwebstoffe aus dem Tee lagern sich auch an den Hefefäden ab, die sich im Kombucha-Getränk oder direkt am Teepilz bilden. Sie sehen oft wie wolkenartige Gebilde aus, die sich dann ebenfalls bräunlich verfärben. Bei der Verwendung von Früchtetee entstehen diese farblichen Ablagerungen übrigens viel seltener und auch die Bildung von Hefefäden ist deutlich geringer.

All das braucht Sie keineswegs zu beunruhigen, denn diese Phänomene sind völlig natürliche Merkmale eines Gärprozesses. Dennoch machen sie jeden Kombucha-Neuling erst einmal stutzig. Meist sind wir durch die industrielle Fertigung ein makelloses Getränke-Design gewohnt und wissen kaum noch etwas von den ursprünglichen und natürlichen Entstehungsprozessen unserer Nahrungsmittel. Aber auch bei der häuslichen Herstellung lässt sich nach Beendigung des Gärprozesses leicht Abhilfe schaffen:

Gießen Sie das Getränk einfach durch ein feines Sieb oder auch einen feineren Filter (z. B. einen Kaffeefilter) und schon sind diese auf den ersten Blick ungewöhnlichen, aber natürlichen Bestandteile aus der Flüssigkeit entfernt. Kombucha ist damit nicht nur ein schmackhaftes, sondern auch ein äußerst appetitlich aussehendes Getränk.

5. Welche Inhaltsstoffe enthält Kombucha?

Die Kombucha-Kultur besteht aus unterschiedlichen Mikroorganismen. In verschiedenen Tests konnten folgende Bakterien und Hefestämme isoliert werden, die nicht immer vorhanden sein müssen und wenn, in unterschiedlichen Mengen vorkommen. Im Folgenden eine Sammlung aus unterschiedlichen Quellen:

Bakterienarten: Acetobacter, Bacillus, Gluconacetobacter, Rothia, Debaryomyces, Saccharomyces ludwigii, Saccharomyces-apiculatus-Typen. Spezifische Arten, die davon gefunden wurden: Acetobacter xylinum, Acetobacter oxydans, Gluconobacter xylinus, Gluconobacter kombucha, Bacillus megaterium, Bacillus amyloliquefaciens, Rothia dentocariosa.

Hefestämme: Brettanomyces, Candida Pichia Saccharosmyces, Saccharomycodes, Schizosaccharomyces und Zygosaccharomyces. Spezifische Arten, die davon gefunden wurden: Candida lambica, Saccaromyces cerevisiae, Pichia fermantans, Picea fluxuum, Saccharomyces apiculatus Schizosaccharomyces pombe, Zygosaccharomyces kombuchaenis.

Daneben finden sich die folgenden Inhaltsstoffe, die bei jedem Herstellungsprozess stark variieren und von verschiedenen Faktoren abhängig sind, zu denen wir später noch genauer kommen werden. • Antibiotische Stoffe, probiotische Laktobazillen, vitale Hefen (10 Millionen/ml)

• Enzyme: Invertase (Aufspaltung von Saccharose), Amylase (Aufspaltung von Stärke),Katalase (macht Wasserstoffperoxid unschädlich), Lab-Enzym, Saccharase, proteolytisches Enzym (löst Fibrin)

• Vitamine wie Folsäure, Vitamin B1, B2, B3, B6, B12, C, D, E, K

• Mineralstoffe und Spurenelemente: Eisen, Mangan, Magnesium,

Kalium, Kobalt, Kalzium, Kupfer, Zink

• Säuren: Gluconsäure (eine sehr feine Säure, die hauptverantwortlich ist für den Geschmack von Kombucha), rechtsdrehende (L+) Milchsäure, Essigsäure, Folsäure, Weinsäure, Zitronensäure, Milchsäure, Oxalsäure (hat einen nicht besonders guten Ruf, obwohl sie in vielen Gemüsen und Früchten enthalten ist. Nimmt man sie in zu großen Mengen zu sich, kann sie giftig sein.

Deshalb gilt wie bei vielem auch bei Kombucha:

Nicht zu viel des Guten!), Kohlensäure, Gerbsäure, Propionsäure (bekämpft Schimmel und wird in der Lebensmittelindustrie deshalb als Zusatzstoff eingesetzt), Bernsteinsäure, Malonsäure, Usninsäure, Apfel- und Zitronensäure

• 14 verschiedene Aminosäuren

• sekundäre Pflanzenstoffe: Polyphenole, Flavone, Isoflavonoide

• Alkohol (ca. 0,4 g – das entspricht etwa der Menge, die in Orangensaft vorhanden ist oder in alkoholfreiem Bier)

• Koffein oder Teein (nur bei der Verwendung von schwarzem oder grünem Tee enthalten) Nach einer Gärdauer von sieben Tagen wurden bei einem Ausgangswert von 100 Gramm Zucker pro Liter grünen Tees folgende Zuckerarten gemessen:

Fructose (0,6 g), Glucose (0,5 g), Saccharose (0,1 g) Ernährungswissenschaftler empfehlen eine vitalstoffreiche Ernährung. Im fertigen Kombucha-Getränk verwandelt der Kombucha-Teepilz besonders den Zucker in seine vielen vitalen Inhaltsstoffe. Hervorzuheben ist der hohe Gehalt an Polyphenolen (auch Phytamine genannt), die als starke Antioxidantien gelten.

Die Inhaltsstoffe von Kombucha können mit den Inhaltsstoffen der verwendeten Tee Sorte ergänzt werden. Grüner Tee (nicht fermentierter Schwarztee) wird für die Herstellung von Kombucha besonders empfohlen. Gewöhnlicher Schwarzer Tee ist ebenfalls zu empfehlen. Auch mit den Inhaltsstoffen von Heilkräutern kann man Kombucha nach Belieben anreichern.

Probieren Sie beispielsweise Cistustee (Cistus incanus) – ein schmackhafter Tee aus der Zistrose, mit Bitterstoffen. Seine umfassende Heilwirkung hat ihm viele Auszeichnungen beschert. Sie können aber auch jede andere Teemischung verwenden. Nachträglich aromatisierte Tees (beispielsweise mit Bergamotte bei Earl Grey) oder Tees mit einem eigenen hohen Anteil ätherischer Öle (Pfefferminztee oder Salbeitee) sollten hingegen eher sparsam eingesetzt oder gar nicht verwendet werden. Besonders zu empfehlen sind Mischungen mit Früchtetees, die für fruchtige Geschmacksvariationen sorgen.

6. Was ist ein „Jun“-Kombucha-Teepilz?

Als „Jun“-Kombucha-Teepilz wir eine Kombucha-Kultur bezeichnet, für die Honig anstatt Zucker verwendet wurde. Diese Kultur hat auch keine andere Zusammensetzung. Die bestehenden Mikroorganismen haben sich einfach an die Verwertung von Honig gewöhnt.

Die Behauptung, dass „Jun“-Kombucha eine andere Kultur aus anderen Mikroorganismen sei, ist falsch und ein reiner "Marketing-Trick" mancher Anbieter. „Jun“ verkauft sich für relativ viel Geld. Wir bieten keinen „Jun“ an, weil diese Kultur auch jeder selbst machen kann und Honig nicht jedermanns Sache ist wegen der nicht selten hohen Belastung mit Schadstoffen.

Jun-Kombucha selbst machen. So geht´s:

Gewöhnen Sie Ihren Kombucha einfach allmählich an Honig. Versuchen Sie es in etwa 4 Schritten, also zuerst etwa 25%, dann 50 %, dann 75%, dann 100 % Honig für einen gewöhnlichen Gärprozess. So einfach geht’s´.

7. Wie können Sie den Alkoholgehalt von Kombucha beeinflussen?

Alkohol entsteht bei jedem Gärprozess. Überreifes Obst beispielsweise enthält immer etwas Alkohol. Die Frage nach dem Alkoholgehalt in Kombucha wird deshalb berechtigterweise immer wieder gestellt, denn der Gärprozess ist bei Kombucha beabsichtigt. Seriöse Quellen geben einen Alkoholgehalt von etwa 0,4 Prozent an. Das entspricht dem Alkoholgehalt von alkoholfreien Biersorten oder Orangensaft und Limonaden. Der Alkoholgehalt von normalem Bier liegt etwa um ein Zehnfaches höher, das heißt bei drei bis acht Prozent. Kaum bekannt ist, dass auch viele andere Lebensmittel wie Obstsäfte, Weißbrot oder die Milchriegel einen deutlichen Alkoholgehalt haben. Mehr dazu finden Sie im Internet über eine Suchanfrage.

Alkohol entsteht durch die Umwandlung von Zucker durch Hefe. Je mehr Hefezellen vorhanden sind und je mehr Zucker verwendet wird, desto mehr Alkohol kann entstehen. An der Oberfläche verdunstet (oxidiert) der Alkohol zu einem Teil. Die Essigsäurebakterien verwerten den Alkohol wiederum zur Herstellung von Essigsäure. Der Alkoholgehalt kann also bei der Herstellung von Kombucha mit diesem Wissen deutlich erhöht oder verringert werden.

Tipps für einen alkoholfreien Kombucha

Bei Kombucha schwankt der Alkoholgehalt deutlich je nach Herstellungsart und Erntezeitpunkt. Wen Sie folgende Hinweise beachten, geht der Alkoholgehalt bei der Kombucha-Herstellung gegen Null:

1. Weniger Zucker verwenden

Kombucha gelingt auch mit etwas weniger Zucker. Versuchen Sie es mit nur ca. 60 g je Liter. Besonders bei der Nachgärung in der Flasche entsteht Alkohol, also nach dem Abfüllen, weil hier der anaerobe Gärprozess, also ohne Luftzufuhr die Hefen zur Alkoholproduktion anregt. Je größer der Restzuckergehalt ist, desto mehr Alkohol entsteht. Verschließen Sie die befüllten Flaschen nicht luftdicht.

2. Hefezellen reduzieren

Hefezellen setzen sich am Boden des Gärgefäßes ab. Das gelingt besonders gut, wenn man die Startflüssigkeit eine

Weile in den Kühlschrank stellt. Dann lagern sich die Hefezellen sichtbar am Boden des Gefäßes ab und bleiben beim Abgießen als Bodensatz zurück.

3. Stark gesäuerte Ansatzflüssigkeit (fertiges Kombucha-Getränk) verwenden

Der Alkoholgehalt wird deutlich geringer nach längerer Gärdauer, denn zum einen ernähren sich die Essigsäurebakterien vom Alkohol und Alkohol reduziert sich durch Oxidation an der Luft zunehmend. Also je saurer der Kombucha wird, desto niedriger wird der Alkoholgehalt. Nachsüßen kann man dann beispielsweise mit Stevia oder Fruchtsirup.

4. Den Teepilz (Scoby) vor jedem Wechsel in einen neuen Ansatz gründlich unter fließendem (kaltem) Wasser reinigen

Dann können dunkle Hefereste am Teepilz entfernt werden.

5. Für frische Luftzufuhr sorgen

Ohne ausreichenden oder gar ganz ohne Sauerstoff, wie in der Flaschengärung, wird wie gesagt der Zucker durch die Hefen in Alkohol umgewandelt und weniger in die wertvollen Säuren. Decken Sie deshalb das Gärgefäß mit einem möglichst luftdurchlässigen Gewebe (z.B. Papier einer Haushaltsrolle oder auch ein Papiertaschentuch) ab. Verwenden Sie ein Gärgefäß mit einer großen Öffnung. Befüllen Sie das Gärgefäß nur bis zu der Höhe, an der es enger wird. Dann kann über die größere Oberfläche genügend Luft ausgetauscht werden.

6. Keine zu hohe Umgebungstemperatur

Bei über 28 ° C steigt die Hefeaktivität im Gärprozess und wird stärker als die der Bakterien.

Wenn Sie diese Hinweise beachten, sinkt der Alkoholgehalt in Kombucha praktisch gegen Null.

Tipps, um den Alkoholgehalt in Kombucha zu erhöhen:

Tun Sie genau das Gegenteil von dem, was oben beschrieben ist:

Verwenden Sie möglichst viel Bodensatz (Hefezellen) für den neuen Ansatz, nehmen etwas mehr Zucker und lassen Kombucha weniger sauer werden. Schließen Sie dann den zweiten Gärprozess , die Flaschengärung an.

Ohne Sauerstoffzufuhr bleiben die Essigsäurebakterien in luftdicht verschlossenen Flaschen inaktiv. Sie verwerten dann keinen Alkohol, weil sie ohne Sauerstoff nicht arbeiten können. Ganz anders hingegen die Hefezellen. Sie können unter Luftabschluss ungestört Zucker in Alkohol verwandeln. Eine nachgesüßter Kombucha (mit z. B. Zucker, Sirup oder Trockenfrüchten) kann in der Flaschengärung bei Zimmertemperatur in etwa fünf Tagen einen Alkoholgehalt von bis zu drei Prozent erreichen. Gibt man gleichzeitig noch Hefezellen vom Bodensatz aus dem Gärgefäß zum abgefüllten Kombucha in die Flaschen hinzu, verstärkt man die Alkoholproduktion.

Eine weitere Möglichkeit, den Alkoholgehalt zu erhöhen, liegt darin, sich beispielsweise Hefen zum Brauen von Bier oder Wein zu besorgen und ein geeignetes Braugefäß anzuschaffen. Das sind Gärgefäße aus Glas, die mit einer Luftschleuse ausgestattet und im Internet oder Fachhandel für Brauereizubehör zu beziehen sind. Hier erreicht man einen Alkoholgehalt von bis zu sechs Prozent. Rezepte hierzu finden Sie in dem empfehlenswerten Buch „Kombucha!“ von

Eric und Jessica Childs. Das Buch ist eine Fundgrube für spannende Rezeptideen.

Die exakte Angabe des Alkoholgehalts unter durchschnittlichen Herstellungsbedingungen in Zusammenhang mit Gärdauer, Zuckermenge, Zucker- und Teesorten würde aufwendige und kostspielige Laboruntersuchungen erfordern. Deshalb müssen wir uns an dieser Stelle auf die hier gemachten Aussagen beschränken. Alternativ können Sie mit einem Refraktometer oder Vinometer den Alkoholgehalt bestimmen. Es ist im Fachhandel günstig erhältlich.

Menschen, die aus gesundheitlichen Gründen oder wegen Alkoholabhängigkeit gänzlich auf Alkohol verzichten müssen, sollten sorgfältig abwägen, ob sie selbst hergestelltes Kombucha-Getränk zu sich nehmen.

8. Ist Kombucha für Diabetiker geeignet?

Diabetiker können Kombucha trinken, wenn der Restzuckeranteil als BE angerechnet wird. Der Restzuckergehalt wird umso niedriger, je länger man das Getränk reifen, also gären lässt, was für einen niedrigen Testzuckergehalt und damit für Diabetiker von Vorteil ist.

Bitte fragen Sie als Diabetiker Ihren Arzt, ob er es für unbedenklich hält, wenn Sie Kombucha trinken und berücksichtigen seine Empfehlungen.

9. Wie viel Kombucha soll man täglich trinken?

Es gibt viele Empfehlungen zur richtigen Trinkmenge. Man kann mit ein bis zwei Gläsern pro Tag beginnen. Je saurer, desto anregender wirkt Kombucha auf die Verdauung. Zur Trinkmenge gibt es jedoch keine allgemeingültigen Vorgaben. Man kann im Grunde so viel trinken, wie man möchte und soviel einem schmeckt – Kombucha ist ein Lebensmittel.

Man sollte es aber auch nicht übertreiben und ganz seinen Sinnen und Bedürfnissen folgen. Ein Übermaß ist wie sonst beim Verzehr anderer Nahrungsmittel auch hier zu vermeiden. Täglich mehrere Kilogramm Nüsse zu essen wäre ebenso wenig empfehlenswert, wie täglich mehrere Liter Kombucha zu trinken. Dies sagen wir hier mit Blick auf die Oxalsäure. Kombucha und auch viele andere Lebensmittel enthalten größere Oxalsäure-Konzentrationen wie auch Amaranth, Portulak, Tee, Pfefferminz, Gänsefuß, Rhabarber, Spinat, rote Beete, Yamswurze, Mangold, Sauerampfer, Nüsse, Kakao, Kaffee, Petersilie, Sellerie und Weizenkleie. Oxalsäure kann in hohen Mengen giftig sein und in Verbindung mit Calcium die Entstehung von Nierensteinen begünstigen.

Ist der Säuregehalt zu hoch, wird man ohnehin entsprechend weniger trinken oder kann das Getränk verdünnen, sei es mit Fruchtsaft oder Wasser. Kombucha ist ein natürliche Getränk im allerbesten Sinne. Es ist geschmacklich unverfälscht und enthält neben seinen wertvollen Inhaltsstoffen keine künstlichen Zusätze. Auch das ist das Besondere an Kombucha.

Mit diesem Getränk kann man lernen, wieder der inneren

Stimme seines Körpers, dem Geschmackssinn, zu folgen. Kombucha kann man ganz nach Belieben trinken, süß oder sauer. Ihr Körper weiß, was er braucht und wann etwas zu viel ist.

10. Was macht Kombucha für jeden einzigartig?

Kombucha bekommt für jeden, der dieses Getränk über längere Zeit regelmäßig trinkt, eine ganz persönliche Bedeutung. Jeder entwickelt seine Vorlieben für den Zeitpunkt, an dem Kombucha gerade „richtig" ist. Der Körper „weiß" dann, welcher Geschmack gerade am angenehmsten ist und wie viel Säure ihm gut bekommt. Gleichzeitig erhält der Organismus dadurch jeweils unterschiedliche Mengen der wertvollen Inhaltsstoffe, die er gerade braucht. Das kann von Mensch zu Mensch durchaus unterschiedlich sein. Hören Sie auf die Stimme Ihres Körpers!

Da man sich immer wieder selbst um die Pilzkultur kümmern muss, wird man bei diesem vitalen Getränk für ein ausgewogenes Verhältnis zwischen süß und sauer sensibilisiert. Viele Menschen sind erstaunt darüber, wie viel Säure dem eigenen Körper spürbar guttut. Andere hingegen – dazu zählen nicht nur Kinder – bevorzugen Kombucha nach kürzerer Gärdauer und mit weniger Säure. Wer eher sehr süße Getränke bevorzugt, wird diese Vorliebe auch bei Kombucha wohl beibehalten.

Menschen, die regelmäßig Kombucha trinken, entwickeln aber oft auch eine Vorliebe für einen höheren Säuregehalt. Vielleicht hängt das mit der erhöhten Menge wertvoller Inhaltsstoffe zusammen, die der Körper über diese Zusammensetzung erhält. Möglicherweise reagiert der Körper darauf mit einem größeren Verlangen nach mehr Säure und teilt dies durch ein verändertes Geschmacksempfinden mit. Der Sinn dafür, was einem guttut, wird so sensibilisiert und entwickelt.

Bisher haben wir mit dem Original-Kombucha-Teepilz OkiraVit® aus eigener Herstellung schon sehr viele Menschen dafür begeistern können, dieses genussvolle, ursprüngliche und hundertprozentig natürliche Getränk selbst herzustellen. Die schnell gewachsene und zunehmend wachsende Zahl unserer Kunden ist der beste Beweis für diesen Erfolg und für die Einzigartigkeit von Kombucha. So wird Kombucha für viele zu einem lebenslangen Wegbegleiter. Gönnen Sie sich und Ihrer Familie etwas Besonderes! Kombucha ist zu wertvoll, als dass nur wenige von seinen Vorzügen profitieren sollten und genießen Sie diese ursprüngliche Vitalität.

11. Wovon sollten Sie sich keinesfalls beirren lassen?

Über den Kombucha-Teepilz und das Kombucha-Getränk gibt es im Internet unzählige Beiträge und inzwischen zahlreiche Anbieter dafür. In Internetforen fällt es schwer, richtige und wertvolle Beiträge von den wenig sachkundigen, fragwürdigen oder gar falschen Beiträgen zu unterscheiden. Auch in Büchern findet sich oft Halbwissen zu Fragen der Pflege und Herstellung.

Die Folgen sind einander widersprechende Aussagen, die interessierte Leser oft verunsichern. Wie bereits eingangs erwähnt, scheinen sich vereinzelt geradezu Glaubensgemeinschaften gebildet zu haben, die vehement den einen oder anderen Irrtum als absolute Wahrheit vertreten. An dieser Stelle sollen deshalb die wichtigsten Fragen geklärt werden, damit Sie wissen, worauf es ankommt:

Verwenden Sie für Ihren Erstansatz keine Ansatzflüssigkeit mit einem Kombucha-Teepilz, die beispielsweise in einem Glas mit Schraubverschluss bereits monatelang oder mehrere Wochen unter Luftabschluss waren. Das Problem ist nicht das Gefäß, sondern der langandauernde Luftabschluss, besonders, wenn sich noch keine ausreichende Säure gebildet hat. Die vitalen Säurebakterien benötigen Sauerstoff für ihren Stoffwechsel und werden unter lang andauerndem Luftabschluss inaktiv und scheinen beschädigt werden zu können.

Die Wahrscheinlichkeit der Schimmelbildung und der Vermehrung von Fremdkeimen ist unter diesen Umständen dann bei Ihrem Ansatz hoch und damit eine Verunreinigung der Kultur. Viele, die mit solchen „Start-Sets“ versucht haben, Kombucha herzustellen, berichten davon, dass mit derartig überlagerten Kulturen überhaupt kein Kombucha mehr hergestellt werden konnte. Dieselbe Erfahrung haben auch wir mit solchen Kulturen wiederholt gemacht. Diese Kulturen sind bei Amazon regelmäßig schlecht bewertet und auch daran zu erkennen. In Apotheken werden sie angeboten und wer meint, die Apotheke biete hier besondere Qualität muss eines Besseren belehrt werden. Auch diese Erfahrung war ein Anlass für die Gründung von Original-Komucha.de mit der Marke OkiraVit.

Wir raten grundsätzlich davon ab, herkömmlichen Essig zum Erstansatz in die Kombucha-Kultur zu geben! Durch herkömmlichen Essig, im Unterschied zum selbst gemachten Kombucha-Essig, kann sich die Zusammensetzung der typischen Mikroorganismen in Kombucha verändern. Bei Schimmelbefall, den man bei Beachtung der hier beschriebenen Hygieneregeln praktisch ausschließen kann, sollten Sie sich deshalb am besten eine neue und hygienisch einwandfreie Kultur besorgen. Beim Erstansatz achten Sie bitte darauf, dass Sie nur so viel gesüßten und abgekühlten Tee verwenden, wie er für die vorhandene Menge an Ansatzflüssigkeit vorgesehen ist.

Für einen erfolgreichen Gärprozess ist die ausreichende Menge Ansatzflüssigkeit entscheidend. Die Größe des Kombucha-Teepilzes hat nur eine sehr untergeordnete Bedeutung.

Manche glauben, dass Kombucha Dunkelheit benötigt, und empfehlen deshalb für den Gärprozess auch schwer handhabbare Steingut-Gefäße. Diese wurden zudem durch ihre Materialeigenschaften zu einer höheren Kombucha-Qualität führen.

Das entspricht überhaupt nicht unseren Erfahrungen. Es ist nicht nötig, mit schweren Steingut-Gefäßen zu hantieren und Licht schadet der Kultur nicht. Zudem hat die unebene Oberflächenstruktur bei Steingut deutliche Nachteile, weil sie gegenüber einer wesentlich glattere Glasoberfläche weniger gut zu reinigen ist.

Prüfen Sie in jedem Fall vor Benutzung von Steingut-Gefäßen, dass die Lasur nicht bleihaltig ist oder mit anderen Schwermetallen belastet! Gut sortierte Fachgeschäfte für Haushaltswaren bieten entsprechende Teststreifen an.

Richtig ist, dass Kombucha Tageslicht gut verträgt und sehr gut in Gärgläsern reift. Gärgläser von Original-Kombucha.de haben am Hals eine Vertiefung, wodurch die Abdeckung mit einem Gummiring sicher verschlossen werden kann. Das bietet Schutz vor Schimmelsporen, Keimen aus der Umgebung und hält zudem Fruchtfliegen ab.

Steingutgefäße können nicht weniger gut verschlossen werden und ihre Verwendung birgt dadurch ein höheres Risiko, dass die Kultur von Fremdkeimen befallen wird. Wer dennoch Kombucha lieber in Dunkelheit reifen lassen möchte, schlägt einfach lichtundurchlässige Aluminiumfolie um das Gärglas.

Die Ansicht, dass für Kombucha Dunkelheit besser wäre als Tageslicht, mag daher kommen, dass man das Gärglas so stellen sollte, dass kein direktes Sonnenlicht einfallen kann. Direkte Sonneneinstrahlung ist für die Kombucha-Kultur tatsächlich ungeeignet. Durch direkt Sonneneinstrahlung ist eine hoher Temperaturanstieg der Flüssigkeit möglich, wodurch die wertvollen Mikroorganismen beschädigt und sogar abgetötet werden, wenn die Kultur zu warm wird.

Die Behauptung, dass Zugluft schlecht für die Kultur sei, ist unsinnig. Die Kultur benötigt Luft, ob diese vorbeizieht oder nicht, ist für die Mikroorganismen nicht von Belang.

Die Aussage, dass Bewegung der Kultur schaden und die Qualität mindern kann, ist falsch. Mikroorganismen bleiben uneingeschränkt vital, auch wenn sie bewegt werden. Sie sind recht robust. Der Stoffwechsel der Hefen und Bakterien wird davon nicht beeinträchtigt.

Dieser Annahme liegt die Beobachtung zugrunde, dass der Kombucha-Teepilz bei Bewegung nicht gleichmäßig wächst. Das ungleichmäßige Wachstum des Kombucha-Teepilzes ist jedoch kein Zeichen von minderer Qualität, wenn es durch Bewegung hervorgerufen wurde.

Nur wenn das ungleichmäßige Wachstum durch Fremdkeime oder andere, ungünstige Bedingungen hervorgerufen wird, dann ist es Ausdruck unzureichender Qualität. (Mehr dazu im Kapitel: „Was tun, wenn die Kultur ungleichmäßig oder instabil gewachsen ist?“).

Kunststoffbehälter halten wir sowohl für den Gärprozess als auch für das fertige Kombucha-Getränk für ungeeignet. Kunststoffbehälter geben je nach Zusammensetzung verschiedene schädliche Bestandteile an Kombucha ab, so wie auch an jedes andere Lebensmittel, das mit ihnen in Kontakt kommt.

Die Bezeichnung „lebensmittelecht“ ist bei Kunststoffen trügerisch. Hier stehen ganz besonders die fast ausnahmslos verwendeten, noch immer nicht deklarationspflichtigen Weichmacher auf der Basis von Phthalaten in der Kritik. Sie können beispielsweise zu Unfruchtbarkeit des Mannes führen. Die Diskussion zur Vermeidung vom Kunststoffen ist aktuell und besonders auch dem Umweltschutz geschuldet.

Wer bei der Herstellung von Kombucha die im Folgenden genannten Grundregeln beachtet, wird gute Ergebnisse erzielen.

II. Herstellung und Anwendung von Kombucha

1. Anleitung zur Herstellung – Kombucha selbst machen

Anleitung zur Herstellung von Kombucha je Liter.
Für 2 L alle Mengenangaben x 2 nehmen u. s. w. Die Zeitangaben bleiben unverändert.

1. Das Wasser in einem Kochtopf zum Kochen bringen.

2. Geben Sie 3-10g grünen Tee, oder eine beliebige Teemischung aus schwarzem Tee, Früchtetee oder Kräutertee z.B. in einem Baumwollfilter in das kochende Wasser. Kurz mit kochen und ca. 20 min. ziehen lassen. Dann werden

Abbildung 1 -Tee in das kochende Wasser geben

größere Menger der wichtige Stoffe frei (z.B. Stickstoff), die gut für den Gärprozess sind.
Wichtig: Falls Sie Tee mit künstlichen Aromen oder hohem Anteil an ätherischen Ölen (z.B. Pfefferminz, Salbei) verwenden, dann kann das die Vitalität der Kombucha-Kultur beeinträchtigen. Seien Sie hierbei vorsichtig. Empfehlenswert ist es, immer einen Anteil Tee der Teepflanze dazu zu geben, z. B. Grünen Tee. Den mag Kombucha besonders!

3. Jetzt geben Sie 80 - 120 g Zucker (oder ein anderes, geeignetes Süßungsmittel in gleicher Menge) in den noch heißen Tee, damit er sich besser auflösen kann.

Abbildung 3 - Zucker in das kochende Wasser geben

Mehr Zucker kann unangenehmen schmecken. Der Zucker wird durch die Fermentation zum großen Teil in die wertvollen Inhaltsstoffe umgewandelt. Je saurer Kombucha wird, desto weniger Restsüße ist vorhanden. Lassen Sie Kombucha nicht zu sauer werden. Kombucha soll ein gesunder Genuss bleiben. Hier ist Ihr Geschmacksempfingen ausschlaggebend.

4. Reinigen Sie das Gärgefäß und alle Gegenstände, die Sie für die Herstellung verwenden gründlich mit heißem Wasser.

Abbildung 5- Hygienische Reinigung Gärglas

Spülmittelrückstände gründlich entfernen und auch Rückstände von Klarspüler nach dem Reinigen in der Spülmaschine. Es genügt völlig, wen Sie das Gärgefäß nur bei jedem zweiten Ansatz wie beschrieben reinigen.

Das Gärglas mit max. 80°C heißem Wasser reinigen wegen Bruch- und Verletzungsgefahr, besonders beim Wechsel von heißem und kaltem Wasser. Ist Kombucha sauer genug, hat es gleichzeitig auch eine reinigende und desinfizierende Wirkung.

5. Lassen Sie den gesüßten Tee auf Zimmertemperatur abkühlen und gießen ihn erst dann in das Gärglas.
Bei deutlich höheren Temperaturen kann die gesamte Kombucha-Kultur unbrauchbar werden, wenn Sie diese dazu geben, weil dann die vitalen Mikroorganismen abgetötet

würden!

6. Gießen Sie mindestens 10 % (100 ml) fertiges, nicht industriell hergestelltes Kombucha-Getränk (Ansatzflüssigkeit) in den abgekühlten Tee in das Gärgefäß.

Abbildung 7 – Ansatzflüssigkeit in abgekühlten Tee gießen

7. Legen Sie den Kombucha-Teepilz mit der helleren, ebenen Seite nach oben in das Gärgefäß mit der Flüssigkeit. Liegt die andere Seite oben, ist das unproblematisch.

Es ist vollkommen normal, wenn der Teepilz absinkt, egal auf welche Höhe! Auch wenn er in senkrechte Lage geht ist jegliche Sorge unbegründet! Wenn er absinkt, kann sich auf der Oberfläche ein neuer Teepilz bilden, muss aber nicht.

Schon ab etwa 0,2 - 0,3 cm kann der neu gebildete Pilz

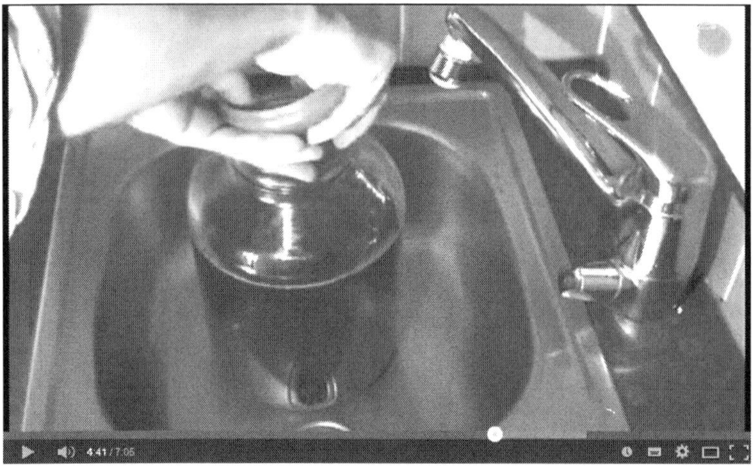

Abbildung 9 – Teepilz in den Ansatz geben

allein verwendet werden. (Es funktioniert sogar auch ganz ohne Pilz, nur mit gut gesäuerter Ansatzflüssigkeit.) Der ältere Pilz kann im Gärgefäß bleiben, sollte aber nach einigen Verwendungen entsorgt werden.

Daraus kann auch eine hervorragende Gesichtscreme hergestellt werden, s. „Rezepte" auf unserer Website. Manche essen ihn sogar. Weitere Hinweise zu Rezepten finden Sie auf unserer Webseite original-kombucha.de.

8. **Decken Sie das Gärgefäß mit dem Papier einer Haushaltspapierrolle oder einem Papiertaschentuch ab und befestigen es mit einem Gummiring**.

Mit einem sehr feingewebten Stofftuch funktioniert es auch. Das ist ganz besonders wichtig, um einen Insekten- und Schimmelbefall zu verhindern.

Abbildung 11 – Gärgefäß sorgfältig abdecken

9. Stellen Sie das Gärgefäß an einen warmen Ort mit Zimmertemperatur. Ideal sind 23° C und alle Temperaturen zwischen ca. 10° C und 38° C möglich.

Abbildung 13 – Kombucha bei Zimmertemperatur reifen lassen

Achten Sie auf gute Umgebungsluft und vermeiden Zigarettenrauch. Licht schadet nicht, dunkle Orte sind auch geeignet, direkte Sonneneinstrahlung ist wegen der möglichen Wärmeentwicklung zu vermeiden. Zum Schutz vor starkem, direktem Sonnenlicht kann Aluminiumfolie um das Gärglas gewickelt werden.

10. Lassen Sie Ihren Kombucha-Ansatz jetzt etwa 5 - 14 Tage ruhen.

Abbildung 15 – Kombucha reift

Abbildung 16 – Kombucha reift

Bewegen Sie das Gärgefäß nicht unnötig. Bewegung verhindert das gleichmäßige Wachstum einer neuen Pilzschicht, was jedoch keinen Einfluss auf die Qualität haben würde.

Je länger Kombucha reift, desto mehr Säure entsteht. Eine süße und mostartige Note, erhalten Sie schon nach etwa 5 Tagen. Durch eine höhere Umgebungstemperatur (z.B. im Sommer oder in wärmeren Klimazonen) wird der Reifungsprozess beschleunigt.

11. Entnehmen Sie den Teepilz mit gründlich gereinigten Händen und waschen ihn mit lauwarmem oder kaltem Wasser ab.

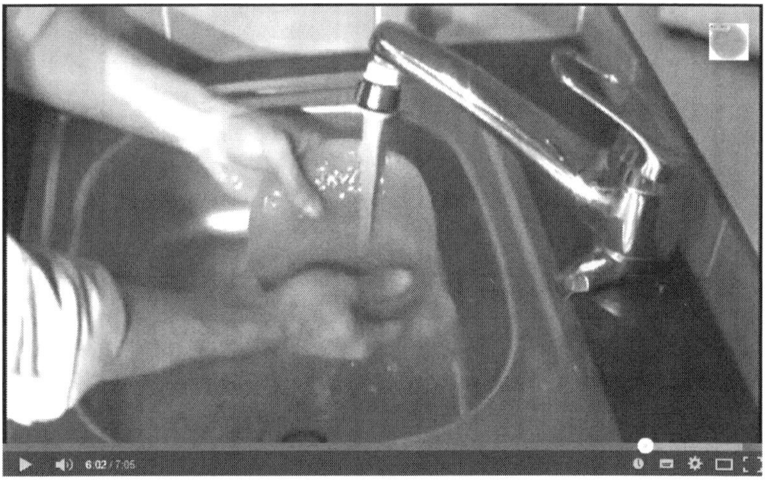

Abbildung 17 – Teepilz gründlich reinigen

Sie können ihn in einem sauberen Gefäß aus Glas oder Keramik zwischenlagern. Vermeiden Sie den längeren Kontakt mit Metall. Metall oxidiert mit der Säure des Kombuchas und schadet dem Kombucha und. Edelstahl Typ 304 oder 316 sind jedoch geeignet.

12. Gießen Sie das fertige Kombucha-Getränk durch ein Sieb in Glas- oder auch Kunststoffflaschen.

Abbildung 19 – Fertigen Kombucha in Flaschen füllen

(Kunststoff sollte für die Aufbewahrung von Lebensmitteln niemals die erste Wahl sein, besonders wegen der Weichmacher, die in fast allen Kunststoffen auch für Lebensmittel enthalten sind und die an die Lebensmittel abgegeben werden.

Wen die Nebenprodukte der Fermentation (Bestandteile des Teepilzes, Hefefäden mit angelagerten Teebestandteile) nicht stören, kann sie mittrinken. Sie sind völlig unbedenklich. Auf dem Boden des Gärgefäßes setzten sich gesunde und erwünschte Hefezellen ab.

13. Lagern Sie die befüllten Flaschen im Kühlschrank. Kombucha ist etwa ein halbes Jahr haltbar. In der Nachgärung bildet sich besonders außerhalb des Kühlschranks nach ca. 3 Tagen zusätzlich prickelnde Kohlensäure. Mehr dazu im Kapitel zur Flaschengärung in diesem Buch.

Wer mag, kann auch mit Mineralwasser „aufspritzen“.

Sie können die Pilzkultur auch über viele Wochen in ausreichend fertigem Kombucha-Getränk bei Zimmertemperatur lagern und wie gewohnt luftdurchlässig mit Haushaltspapier abgedeckt und geschützt, z. B im Urlaub. Die Aufbewahrung im Kühlschrank ist nicht zu empfehlen, weil die vitalen Mikroorganismen große Kälte über längere Zeit nicht gut vertragen.

14. Starten Sie gleich wieder einen neuen Ansatz wie beschrieben.

Bei regelmäßiger Anwendung entsprechend der Anleitung hält die Original-Kombucha Kultur OkiraVit® praktisch unbegrenzt, da sie lebt und sich ständig selbst erneuert.

Wichtig ist es, die Hygieneregeln zu beachten. Achten Sie deshalb bei jedem Schritt der Herstellung auf ausreichend Sauberkeit und Hygiene. Sie können zum Schutz auch Einmalhandschuhe verwenden.

Damit gewährleistet ist, dass auch langfristig ein gesundes, hygienisch einwandfreies Kombucha-Getränk hergestellt werden kann, sollten Sie eine schon länger verwendete Kombucha-Kultur zur Sicherheit gelegentlich gegen eine geprüfte, hygienisch einwandfreie OkiraVit® Kombucha-Kultur austauschen.

Ein Austausch sollte jedoch spätestens dann erfolgen, wenn der gewohnte Geschmack sich verändert oder bei ungewohnter Geruchsbildung, besonders wenn es muffig riecht. Das deutet immer auf eine Verunreinigung mit Fremdkeimen hin. Geruch nach Essig hingegen ist besonders nach längerer Lagerung kulturtypisch.

* Die Ansatzflüssigkeit erhalten Sie in entsprechender Menge im Start-Set bei jeder Bestellung von Original-Kombucha.de.

2. Kombucha-Flaschengärung: Die andere Brauweise für „Kombucha-Sekt“

Wer Kombucha nur in seiner herkömmlichen Herstellungsweise aus dem Gärglas kennt, hat etwas versäumt. In der Flaschengärung wird Kombucha zum Piccolo. Er schäumt wie Sekt und schmeckt auch so oder sogar deutlich besser, denn auch bei der Flaschengärung gibt es grenzenlose Variationsmöglichkeiten.

Flaschengärung ist nicht gänzlich neu. Sie wird schon lange für die nachträgliche Kohlensäurebildung empfohlen. Neu ist jedoch, den herkömmlichen, aeroben Gärprozess (mit Luftzufuhr) vergleichsweise früh zu beenden. Die aerobe Gärung ist und bleibt bei der Flaschengärung also der erste Schritt. Sie sind neugierig geworden?

So geht´s:

1. Stellen Sie Kombucha zunächst genauso her, wie in dieser Anleitung beschrieben. Auch weniger Zucker (ca. 60g je Liter) reicht aus.

2. Beenden Sie den Gärprozess dann jedoch schon nach etwa 5 Tagen. Eine ausreichende Säurebildung ist aus hygienischen Gründen wichtig. Füllen Sie nun den dann noch recht süßen Kombucha in Flaschen. Befüllen Sie die Flaschen möglichst vollständig. Ganz wichtig ist, dass Sie die Flaschen sehr fest mit einem Schraub- oder Bügelverschluss schließen, damit die Kohlensäure nicht entweicht. Es kann jetzt eine sehr starke Kohlensäurebildung entstehen.

3. Lassen Sie die Flaschen ca. 7 Tage oder länger an einen warmen Ort ruhen ohne sie zu öffnen. Ideal sind ca. 25° C. Ist der Ort kühler, braucht auch hier der Gärprozess entsprechend länger.

4. Stellen Sie die Flaschen vor dem Trinken kühl!

Das Ergebnis ist ein spritziger Kombucha-Piccolo. Er schäumt wie Sekt, denn durch die Flaschengärung entsteht viel Kohlensäure. Und es bildet sich neben der Kohlensäure auch etwas Alkohol. Der Alkoholgehalt ist höher als bei der Herstellung von Kombucha nur im Gärglas und kann spürbar sein. Der enthaltene Zucker wird bei der Flaschengärung nämlich in Kohlensäure und gleichzeitig auch in Alkohol umgewandelt.

Und so verstärken Sie den Prozess der Köhlensäurebildung bei der Flaschengärung:

Verwenden Sie einen hohen Anteil (ca. 80%) Früchtetee (z.B. Hibiskus-Hagebuttentee). Geben Sie ein Fingerkuppen großes Stück Ingwer in die Flaschen, oder den Saft etwa einer halben Zitrone je Liter dazu. Das alles ist nicht nur geschmacklich ein tolles Erlebnis. Gerne werden auch einige Rosinen oder andere Trockenfrüchte verwendet. Ein Teelöffel vom Bodensatz Ihres Kombuchas aus dem Gärglas verstärkt den Prozess, denn darin sind viele Hefezellen, die den Gärprozess verstärken. Das alles kann kombiniert werden.

Variante: Beenden Sie den Gärprozess wie gewohnt, füllen Kombucha in geschlossene Flaschen und lassen ihn etwa 3 Tage bei Zimmertemperatur stehen. Auch so kann sich zusätzliche Kohlensäure bilden. Der Alkoholgehalt ist dann auch entsprechend geringer, als bei einer starken Nachgärung.

Ausdrücklicher Warn- und Sicherheitsweis und Haftungsausschluss:

Kombucha kann in Ausnahmefällen im anaeroben Gärprozess explosiv werden. Es kann passieren, dass fest verschlossene Behältnisse, wie Flaschen, explodieren. Es gibt Berichte, das der

Flaschenverschluss aufplatzen kann. Bitte beachten Sie dies und treffen geeignete Schutzmaßnahmen. Stellen Sie entsprechend befüllte Gefäße an einen sicheren Ort, an dem sie im Fall der Explosion keinen Schaden anrichten. Zum Schutz können Sie einen Kunststoffeimer darüber stellen. Wenn Sie ein so befülltes und verschlossenes Gefäß öffnen, wenden Sie Ihr Gesicht ab und achten darauf, dass Sie im Fall einer unerwarteten Explosion keinen Schaden nehmen. Für Ihre Sicherheit tragen Sie allein die Verantwortung. Im Fall eines jeglichen Sach- oder Personenschadens übernehmen wir keinerlei Haftung.

3. Worauf sollten Sie beim Kauf von Kombucha achten?

7 Dinge auf die Sie beim Kauf von Kombucha achten müssen

1. Der Kombucha-Teepilz (Scoby)

Kombucha wird im Englischen SCOBY (Symbiotic Culture of Bacteria and Yeast – Symbiotische Kultur aus Bakterien und Hefen) genannt.

Sie erhalten von uns immer einen Scoby in genau der Größe, die zur Herstellung der entsprechenden Menge Kombucha passt. Aus jahrzehntelanger Erfahrung kennen wir die entsprechenden Größenverhältnisse genau. Der Scoby spielt zudem eine untergeordnete Rolle bei der Herstellung von Kombucha.

Ein besonders großer Scoby ist keinesfalls sinnvoll. Die

Werbung mancher Anbieter mit besonders großen Scobys ist Bauernfängerei. Eine besonders großer Scoby verdrängt unnötig viel Flüssigkeit. Die Begründung, dass ein besonders großer Scoby Kombucha besser vor Fremdkeimen schützen würde, wenn er die ganze Oberfläche bedeckt ist falsch, denn der Scoby ist vollständig verbunden mit der Flüssigkeit darunter und keine davon getrennte Einheit.

Zudem ist es normal, dass der Scoby im Gärgefäß absinkt. Dann bildet sich ohnehin früher oder später über die gesamte Oberfläche ein perfekt passender, neuer Teepilz. Das beginnt zunächst als eine hauchdünne Membran auf der Oberfläche.

Ein eventueller Kontakt mit Fremdkeimen wird von den vorhandenen Säuren in Kombucha ebenso wirksam bekämpft wie von einem Scoby auf der Oberfläche im Gärgefäß. Zu allererst wird Kombucha vor Fremdkeimen von der Abdeckung auf dem Gärgefäß geschützt. Ideal ist hierfür das Blatt einer Rolle Haushaltspapier, das eng von einem Gummiring gehalten, die Öffnung des Gärgefäßes fest umschließt.

Der Scoby existiert immer nur in qualitativ gleichwertiger Ansatzflüssigkeit, also in fertigem, selbstgemachtem Kombucha-Getränk. Die Bedeutung der Ansatzflüssigkeit wird meist unterschätzt. Dazu anschließend mehr.

Ein gutes Zeichen ist es, wenn der Kombucha-Teepilz gleichmäßig gewachsen ist und von relativ stabiler Struktur. Hierfür haben wir ein vollkommen natürliches Verfahren entwickelt ohne jegliche Zusätze, mit dem wir fast ausnahmslos besonders gleichmäßig gewachsene Kombucha-Teepilze erhalten. Dieses Verfahren ist unser gehütetes Geheimnis. Hierfür könnten auch nicht deklarationspflichtige, regulierende Zusatzstoffe verwendet werden, die sicher manche Anbieter in Unkenntnis unseres Verfahrens nutzen.

Für eine qualitativ hochwertige Original-Kombucha-Kultur ist das gleichmäßige Wachstum jedoch nicht zwingend erforderlich, doch ist es in jedem Fall ein gutes Zeichen.

Ein instabiler und ungleichmäßig gewachsener Teepilz kann dann ein Zeichen für eine minderwertige Kultur sein, wenn sie beispielsweise mit Kahmhefe oder anderen Fremdkeimen verunreinigt ist. Eine Kombucha-Kultur kann aber auch durch einen sehr lebhaften und gesunden Gärprozess instabil und ungleichmäßig sein. Dann ist diese Unregelmäßigkeit normal und unbedenklich.

2. Der Anbieter und sein Angebot

Achten Sie darauf, dass der Anbieter ausschließlich Kombucha herstellt und keine anderen Kulturen mit vitalen Mikroorganismen wie Kefir, Wasserkefir oder Joghurt. Stellt der Anbieter auch andere Gärgetränkekulturen her, ist eine Vermischung von Kombucha über die Luft durch beispielsweise aerobe Mikroorganismen fremder Gärgetränkekulturen praktisch unvermeidbar. Bei der privaten Herstellung zu Hause obliegt die Abwägung, ob die Reinkultur erhalten bleiben soll beim Einzelnen.

Mehr zur originalen Kombuchakultur erfahren Sie weiter unten im Abschnitt: „Was ist Original-Kombucha und wie kann es zu Verunreinigungen der Kultur kommen?“

Achten Sie darauf, dass die Kombucha-Kultur nicht mit einem monatelangen Haltbarkeitsdatum angeboten wird. Durch die Überlagerung unter Luftabschluss kann die Aktivität der vitalen Mikroorganismen deutlich eingeschränkt sein. Säuren können sich unter Luftabschluss nicht entwickeln oder geschädigt werden. Überlagerter Kombucha kann deshalb einen neuen Ansatz oft nicht ausreichend ansäuern, was schnell zu Schimmel und Befall von anderen Fremdkeimen führen kann.

Achten Sie auch darauf, dass der Anbieter stichprobenartige Nachweise über mikrobiologische Hygieneuntersuchungen im Sinne des Lebensmittelgesetzes durchführt.

Dann können Sie von einer guten Hygiene in der Herstellung ausgehen. Die Produktion muss unter der Aufsicht des Gesundheitsamtes stehen.

3. Der Anbieter-Service (Erreichbarkeit bei Fragen)

Immer wieder kommt es vor, dass sich beim Selberbrauen Fragen auftun, denn Kombucha entwickelt sich immer anders, ja nach den umgebenden Einflüssen (Wasser, Tee, Zucker, Temperatur etc.) Es ist gut zu wissen, dass Sie im Zweifelsfall von Ihrem Kombucha-Lieferanten wirklich kompetente Antworten bekommen. Er stellt Ihnen kostenlos umfassende und Informationen in einem Ratgeber zur Verfügung und ist für fachkundige Unterstützung erreichbar (per Email oder auch telefonisch), wenn die angebotenen Informationen nicht ausreichen.

Gute Amazon Bewertung sind auch ein hilfreicher Hinweis.

Mit von privat weitergegebenen Kulturen kann man Glück haben, das Risiko für Verunreinigungen ist jedoch unkalkulierbar, wenn keine ausreichende Hygiene eingehalten wurde.

4. Die Ansatzflüssigkeit

Die Ansatzflüssigkeit ist das Herzstück der Kombuchakultur. Sie ist nichts Anderes als fertiges Kombucha-Getränk mit dem Unterschied, dass sie beim Kauf einer Kombucha-Kultur einen tendenziell höheren Säuregehalt haben sollte als das Kombucha-Getränk.

Achten Sie darauf, dass der Anbieter dies berücksichtigt und sein Start-Set mit einem ausreichen hohen Säuregehalt ausstattet. Der Säuregehalt kann jedoch nicht standardisiert werden, da die Kultur in der aeroben Gärung so lange Säure entwickelt, bis sie essigsauer wird. Ein hoher Säuregehalt ist eine zusätzliche Sicherheitsstufe für eine hygienisch einwandfreie Kultur, dann Säure ist der Feind von unerwünschten, pathogenen Fremdkeimen.

Die Menge der Ansatzflüssigkeit zum „animpfen“ sollte ungefähr 10 % der Menge des gezuckerten Tees betragen, der Kombucha werden soll, also 100 ml je Liter. Je saurer die Ansatzflüssigkeit, also je niedriger der PH-Wert ist, desto weniger ist nötig. Hier kann man großzügig mit umgehen. Und um keine unangenehme Überraschung zu erleben, wenn Kombucha wegen einer sehr sauren Ansatzflüssigkeit schneller als gewohnt säuert, sollten Sie den Kombucha einfach bereits nach wenigen Tagen schon probieren. Hier ist ein Strohhalm gut geeignet. Bei zu wenig Ansatzflüssigkeit mit niedrigem PH-Wert kann der Ansatz schimmeln.

5. Bio-Qualität und Bio-Siegel

Achten Sie auf die Bio-Qualität des Kombucha-Start-Sets. Die ist an der Bio-Zertifizierung, und der Auslobung mit dem Bio-Siegel zu erkennen. Bio ist nur echt mit dem Bio-Siegel und nur mit dem Bio-Siegel können Sie sicher sein, dass es sich um ein echtes Bio-Produkt handelt. Nur dann gibt es keine Rückstände von Herbiziden, Pestiziden und beispielsweise Bakteriziden (Glyphosat), die bei Zucker und Tee als Pflanzenschutzmittel eingesetzt werden und auch gegen Bakterien wirken.

Da Bakterizide sämtliche Bakterien abtöten, töten sie auch die ab, die in der Kombucha-Kultur zum gewünschten Gärprozess beitragen. Damit dies nicht geschehen kann ist die Bio-Qualität bei Kombucha besonders wichtig, auch für zu Hause beim selber brauen.

6. Die Wasserqualität

Achten Sie auf die Wasserqualität, denn Wasser ist bei Kombucha der Hauptbestandteil. Wir verwenden für unseren Kombucha frisches Bergquellwasser, das besonders ursprünglich und rein ist. Hierin ist auch die hexagonale Anordnung der Wassermoleküle noch ursprünglich gegeben. Leben Sie in einer städtischen Region, kann es sinnvoll sein, das Wasser zu filtern, um chemische Rückstände zu reduzieren. Die biologische Reinheit ist durch das Abkochen des Wassers gewährleistet.

7. Hier bekommen Sie die Kombucha-Kultur, die alle genannten Kaufempfehlungen erfüllt

Original-Kombucha.de ist Ihre Bio-Manufaktur mit über 30-jähriger Erfahrung des Inhabers in Herstellung und Pflege der Kombucha-Kultur. Wir gewährleisten schnellen, sicheren Versand und die Herstellung mit viel Liebe und Leidenschaft zum Detail, unter strengsten Kontrollen und mit den besten Zutaten für Kombucha.

Wir sind Deutschlands erste, bio-zertifizierte Kombucha Manufaktur für den Original-Kombucha-Teepilz in Bio-Markenqualität, was andere Anbieter zu Unrecht auch für sich behaupten. Das Markenregister erbringt hierfür den zweifelsfreien Nachweis durch den Zeitpunkt der Eintragung. Wir haben uns kompromisslos und mit Leidenschaft dem Original verpflichtet.

Unter unserem Namen „Original-Kombucha.de" haben wir Qulitätsmaßstäbe für das Original gesetzt, an denen der Kombucha-Handel zu messen ist und an denen er sich orientiert. Nicht selten behaupten andere Anbieter jedoch, gemessen an unseren Maßstäben unberechtigt, „das Original" anzubieten. Uns ist aktuell kein Händler bekannt, der die hier genannten Qualitätsmaßstäbe für die Zucht aus Reinkultur erfüllt, sei es wissentlich, aus Sorglosigkeit oder aus Unkenntnis. Original-Kombucha.de ist unsere Domäne, Passion und Mission.

Mit fachkundigem Wissen verschiedener Lebensmittelchemiker, Ernährungswissenschaftler und der Kenntnis zahlreicher Studien haben wir Rahmenbedingungen für eine kontrollierte Zucht unter idealen Bedingungen der originalen Kombucha-Kultur geschaffen. Nur dadurch können wir gewährleisten, dass wir unseren Kunden immer die originale Kombucha-Kultur anbieten können, mit ihrem breiten Spektrum der zahllosen Vitalstoffe, die Kombucha legendär gemacht haben.

Damit auf diesem unübersichtlichen Markt diverser Anbieter von Kombucha für alle, die Kombucha selbst machen wollen eine Orientierung einfach möglich ist, haben wir unser Original deshalb mit dem Markennamen OkiraVit® geschützt, denn der Name „Original-Kombucha" selbst kann leider nicht geschützt, darf also von jedem verwendet werden ohne Qualitätsnachweis.

Mit OkiraVit® Kombucha können Sie sich sicher sein, dass Sie das Original haben aus Reinkultur, also genau den legendären Kombucha, dem in zahllosen Erfahrungsberichten geradezu wundersame Kräfte zugeschrieben werden. Damit werden Sie auch nach dem Kauf lange zufrieden sein.

Mit OkiraVit® erhalten Sie das Original. Sicher.

Was ist Original-Kombucha und wie kann es zu Verunreinigungen der Kultur kommen?

Kombucha besteht aus einer Lebensgemeinschaft perfekt aufeinander abgestimmter Mikroorganismen, die eine Art Symbiose miteinander eingegangen sind, da sie sich gegenseitig nutzen. Das breite Spektrum an vitalen Inhaltsstoffen ist bei Kombucha in seiner Zusammensetzung trotz der kultureigenen Variationsvielfalt kulturtypisch und kann durch verschiedene Einflüsse gestört, also verfälscht bzw. verunreinigt sein.

Dass Kombucha nicht gleich Kombucha ist, ist kaum bekannt. Weil es hier deutliche Unterschiede gibt, haben wir es mit Gründung von Original-Kombucha.de zu unserer Passion gemacht, das Original zu schützen und den Menschen Original-Kombucha in ursprünglicher und gleichbleibender Qualität anzubieten. Unser Markenname OkiraVit® schützt das Original und ist Garant für diese Qualität. Die Ursachen für diese Verfälschungen oder auch Verunreinigung sind vielfältig und werden hier im Detail beschrieben.

Wodurch kann Kombucha verfälscht oder verunreinigt sein und woran ist das zu erkennen?

Die Unterschiede zwischen der originalen Kombucha-Kultur und den anderen sind äußerlich erst einmal nicht zu sehen. Wir zeigen auf, durch welche Einflussfaktoren die die Qualität der Kombucha-typischen Mikroorganismen (Hefen, Enzyme, Bakterien) beeinträchtigt oder verändert werden können. Sie können sogar ganz absterben. Obwohl man aus guten Gründen meint, von einem Anbieter eine originale Kombucha-Kultur zu erhalten, sind die Kombucha-typischen Mikroorganismen tatsächlich nicht unbedingt vorhanden oder intakt. Hilfreich ist es, wenn Sie auf die Herkunft achten.

Stellt ein Anbieter gleichzeitig z.B. Kombucha, Kefir, Wasserkefir und ähnliche Gärgetränkekulturen her, geschieht immer eine Veränderung und Verfälschung der originalen Kombucha-Kultur. Das wirklich echte Original ist aus Reinkultur und hat keine Vermischung der unterschiedlichen Mikroorganismen und trägt den Markennamen OkiraVit®. Um Verunsicherungen gleich an dieser Stelle vorweg zu nehmen: Wenn Sie unseren Kombucha aus Reinkultur zu Hause auch bspw. neben Kefir herstellen, funktioniert das selbstverständlich, auch wenn es früher oder später zu dem beschriebenen Austausch der Mikroorganismen kommt. Die Folgen dieser Vermischung kann niemand in ihrer Wirkung seriös einschätzen. Das Original definiert sich jedoch aus Reinkultur und genau ohne diese Vermischung.

Es kommt bei paralleler Zucht verschiedener Getränkekulturen der Anbieter unterschiedlicher Getränkekulturen unvermeidbar zu einem Austausch der teilweise aeroben, also in der Luft befindlichen Mikroorganismen und natürlich dann, wenn gleichzeitig verwendete Gegenstände nicht ausreichend desinfiziert werden. Um diese gegenseitige Vermischung der Kulturen bei paralleler Zucht unterschiedlicher Gärgetränke zu verhindern, wären enorm aufwändige Schutzmaßnahmen erforderlich, die unverhältnismäßig hohe Kosten verursachen würden. Bei der Zucht in getrennten Räumen müssten keimdichte Schleusen einen Austausch verhindern. Die parallele Zucht im gleichen Raum ist hier jedoch tatsächlich üblich.

Der vorgelegte Labornachweis kulturtypischer Hefen und Bakterien in Kombucha ist dann nicht mehr aussagekräftig genug, da diese produktionsbedingt mit kulturfremden Mikroorganismen systematisch vermischt werden. Der Labornachweis ist zu ungenau, um hier ausreichend zu differenzieren. Kombucha in nahe gelegenen oder gar in den gleichen Räumen herzustellen kann keine Reinkultur mehr gewährleisten. Hier liegt der Unterschied liegt im Detail. Eine Kombucha-Kultur, die im engen Kontakt mit Kefir, Wasserkefir oder ähnlichen Getränkekulturen hergestellt wird, kann nicht mehr redlich als „Original“ bezeichnet werden.

Kombucha, Kefir, Wasserkefir etc. sind unterschiedlich. Die Produktion in räumlicher Nähe oder sogar in den gleichen Räumen wäre damit vergleichbar, als würde eine Bierbrauerei in den gleichen Räumen Bier brauen, in denen sie Wein keltert oder umgekehrt. Wer käme auf diese Idee? Zu Hause können Sie auch in diesem Beispiel die unterschiedlichen Getränke natürlich lagern und trinken.

Wenn Sie jedoch eine unverfälschte, originale Kombucha-Kultur erwerben möchten, kaufen Sie diese nur bei einem Hersteller, der nicht auch gleichzeitig andere Gärgetränke-Kulturen wie Kefir, Wasserkefir etc. anbietet. Sie müssen davon ausgehen, dass die unterschiedlichen Kulturen im selben Raum gezüchtet werden, wodurch Kombucha in seinem ureigenen Spektrum der perfekt aufeinander abgestimmten, vitalen Inhaltsstoffe verfälscht wird.

Kombucha kann auch durch gezieltes Hinzufügen oder durch den Entzug bestimmter Mikroorganismen in seiner ursprünglich, ureigenen Zusammensetzung grundsätzlich verändert werden. Dies tun manche Händler, auch ohne Ihre Gründe dafür transparent zu machen. Dennoch behaupten sie mitunter, dass es sich bei Ihrer Kultur dennoch um die originale Kombucha-Kultur handle, was, wie bereits erwähnt, leider zulässig ist. Jede Veränderung in der typischen und ureigenen Zusammensetzung bleibt jedoch eine Verfälschung und verdient es nicht mehr, Original genannt zu werden.

Die kulturtypischen Mikroorganismen sind zwar robust, nehmen aber dennoch Schaden oder sterben ab, wenn Sie nicht mit ausreichender Sachkunde behandelt werden. Zu große Wärme (Pasteurisation, Homogenisierung) bewirkt, dass sämtliche vitalen Mikroorganismen absterben. Zu große Kälte versetzt die Mikroorganismen in eine Art Schlafzustand. Sie sind dann weniger aktiv. Die nicht mehr nur vorübergehende Aufbewahrung im Kühlschrank über längere Zeit bewirkt eine Beeinträchtigung, von der sich die Mikroorganismen jedoch allmählich wieder erholen können. Monatelange Lagerung unter Luftabschluss kann sehr schädlich sein und die Vitalität der erwünschten Bakterien beeinträchtigen.

4. Welche Regeln der Sauberkeit und Hygiene gilt es zu beachten?

Wichtig ist es, bei jedem Schritt der Herstellung auf Sauberkeit und Hygiene zu achten. So wird gewährleistet, dass auch langfristig ein gesundes, hygienisch einwandfreies Kombucha-Getränk hergestellt werden kann.

Alle für die Zubereitung notwendigen Gegenstände sind gründlich zu reinigen von Verschmutzungen. Zur Desinfektion ist sowohl Kombucha-Essig als auch heißes Wasser sehr gut geeignet. Ohne gründliche Reinigung könnte Kombucha mit Fremdkeimen belastet werden. Auch Spülmittelrückstände und Chemikalien sollten zum Schutz der Kombucha-Kultur restlos entfernt werden.

Vor jedem Kontakt mit der Kultur sollten Sie sich gründlich die Hände waschen.

Wer dies konsequent beherzigt, ist auf der sicheren Seite. Die Säurebildung von Kombucha wirkt wie ein zusätzlicher Selbstschutz gegen den Befall durch Fremdkeime. Empfehlenswert ist es daher, einen Teil der Kultur mit einem Teepilz zwischendrin immer wieder einmal etwa vier Wochen säuern zu lassen und dann als Ansatz gegen die bisher genutzte Kultur auszuwechseln.

Die Pilzkultur sollte nach jedem Gärprozess gründlich unter fließendem Wasser von Rückständen und Anhaftungen befreit werden. Dunkel verfärbte Stellen sollte man einfach herausschneiden.

Trotz größter Sorgfalt kann es zu Verunreinigungen kommen, die nicht unbedingt sichtbar sind – nur bei Schimmel wäre ein Befall sichtbar. Um sicherzugehen, ist es deshalb empfehlenswert, eine schon länger verwendete Kombucha-Kultur gelegentlich gegen eine überprüfte und hygienisch einwandfreie OkitaVit®-Kombucha-Kultur auszutauschen.

Ein Austausch sollte jedoch spätestens dann erfolgen, wenn Kombucha ungewohnt riecht oder sich sein Geschmack verändert. Dies sind deutliche Anzeichen für eine Verunreinigung der Kultur mit Fremdkeimen.

An dieser Stelle ein wichtiger Hinweis zum Thema Sicherheit: Lassen Sie sich beim Erwerb einer Kombucha-Kultur stets den schriftlichen Nachweis erbringen, dass dies eine nach den Vorschriften der Lebensmittelhygiene stichprobenartig überprüfte Kombucha-Kultur ist. Bei Original-Kombucha. de finden Sie entsprechende Nachweise auf unserer Webseite in unserem Online-Shop.

5. Welche Gärglasgröße ist für Sie geeignet?

Für die Herstellung des Kombucha-Getränks ist ein ausreichend großes Gärgefäß wichtig. Hierfür sind Glas-, Keramik- oder Tongefäße geeignet. Bei Keramik- und Tongefäßen ist jedoch unbedingt darauf zu achten, dass die

Glasur keine Schwermetalle wie beispielsweise Blei oder Cadmium enthält. Sonst wird das Kombucha-Brauen eine giftige Angelegenheit.

Wegen mit Schwermetallen belasteten Keramikglasuren ist besonders in China hergestelltes Keramikgeschirr in die Kritik geraten. Tests auf Schwermetalle für zu Hause werden in gut sortierten Haushaltswarenläden, Baumärkten oder Farbgeschäften verkauft.

Gärgläser sind die erste Wahl. Sie sind einfacher handhabbar, leichter und besser zu verschließen. Metall oxidiert gewöhnlich und sollte deshalb nicht mit Kombucha in Kontakt kommen.

Ausnahmen sind hier die Edelstahle der Werkstoffgruppen AISI 304 und AISI 316. Wer es also edel mag, möchte sich vielleicht ein Gärgefäß aus Edelstahl von einem dieser beiden Typen leisten. Beide sind korrosionsbeständig und oxidieren dadurch nicht. Sie sind Standard bei der Bier oder Weinherstellung.

Andere Edelmetalle der 300-Reihe sind ungeeignet, ebenso die der 400-Reihe. Hier ist die Korrosionsbeständigkeit bei den niedrigen pH-Werten und Elektrolyten von Kombucha nicht ausreichend. Fangen Sie aber besser zuerst mit einem Gärglas an Kombucha zu brauen, bevor Sie sich für diese kostspielige Variante entscheiden.

Bei Original-Kombucha.de bekommen Sie Gärgläser, die in verschiedenen Größen besonders gut für die Herstellung des Kombucha-Getränks geeignet sind, weil sie zudem sehr gut zu verschließen sind. Wählen Sie die Größe, die für Ihren Bedarf passt:

So berechnen Sie das Fassungsvermögen des Gärgefäßes für Ihren Bedarf:

a. Addieren Sie die Anzahl der Personen, die von dem fertigen Kombucha-Getränk trinken werden.

b. Multiplizieren Sie die ungefähre, tägliche Trinkmenge

aller mit der Anzahl der Personen.

c. Multiplizieren Sie das Ergebnis mit zehn (denn es dauert durchschnittlich etwa zehn Tage, bis der Ansatz fertig ist).

d. Addieren Sie zusätzlich zehn Prozent dieser Summe hinzu (weil etwa zehn Prozent der Menge als Ansatzflüssigkeit für den nächsten Brauvorgang benötigt werden).

Im Ergebnis erhalten Sie die ungefähre Literangabe für Ihren Bedarf je Brauvorgang. Diese Menge kann jedoch nicht mit dem entsprechenden Fassungsvermögen eines Gärglases hergestellt werden, denn die Angabe des Fassungsvermögens bezieht sich auf die Menge, die ein Glas fassen kann, bis es randvoll ist.

Da der Kombucha-Teepilz sich auf einer möglichst großen Oberfläche ausdehnen soll, also nicht in dem Teil des Gefäßes, an dem es sich verengt, kann das Fassungsvermögen eines Gärglases nicht ganz ausgeschöpft werden. In einem Fünf-Liter-Gärglas können Sie etwas mehr als vier Liter brauen. Mit mehreren kleineren Gärgläsern erreichen Sie selbstverständlich auch eine größere Menge. Ein großes Glas ist jedoch leichter handhabbar als mehrere kleine.

Rechenbeispiel für die Größe des Gärglases für eine Person:

Wer täglich zwei Gläser Kombucha trinkt (400 ml), verbraucht während einer Gärdauer von zehn Tagen vier Liter. Das Gärglas für fünf Liter ist hier geeignet, weil zu der Trinkmenge von vier Litern 400 Milliliter (also zehn Prozent) addiert werden müssen und das Fassungsvermögen des Glases so nicht voll ausgeschöpft werden kann.

6. Welcher Tee sollte für Kombucha verwendet werden?

Tee ist seit über 5000 Jahren neben Wasser weltweit das am meisten konsumierte Getränk und blickt damit auf eine beispiellose Geschichte zurück. Tee wächst fast auf allen Kontinenten, sogar in Europa. Die wichtigsten Anbaugebiete sind in Darjeeling, Assam, Nilgiri (Südindien), Ceylon, Formosa, Indonesien, Himalaya, China, Japan, Afrika, Brasilien, England, Irland, Ostfriesland und Russland. Beim klassischen Tee ist das Spektrum der Geschmacksnuancen vergleichbar mit Wein. Je nach Herkunft und Sorte gibt es hier große Unterschiede. Wer sich eingehender damit beschäftigen möchte, dem eröffnet sich eine ganz eigene Welt. Die Sorte, das Anbaugebiet und die Reifezeit – das sind bei Wein und Kombucha die gleichen drei Qualitätsmerkmale. Bei Kombucha kommt die Qualität der Kultur hinzu.

Ein Teekenner würde bei der Vorstellung, mit kostbarem Tee Kombucha herzustellen, vielleicht zögern. Doch gerade Teetrinkern sind die feinen Geschmacksnuancen vertraut und sie könnten ihre Lieblings-Teesorten mit dem Potenzial von Kombucha kombinieren.

Die Frage nach dem besten Tee für Kombucha kann jedoch einfach beantwortet werden: grüner Tee. Er besteht aus derselben Pflanze wie Schwarztee, Oolong oder auch weißer Tee. Grüner Tee ist im Unterschied zum Schwarztee nicht fermentiert. Nach vielen Versuchen in unserer Zucht hat sich hierbei die Sorte „Gunpowder – Temple of Heaven“ als sehr geeignet erwiesen. Schwarztee, Oolong oder auch weißer Tee sind aber ebenso eine solide Basis zum Kombucha-Brauen und für unterschiedlichste Teemischungen z. B. mit

Früchte- oder Kräutertees geeignet. Damit ergeben sich sehr leckere Geschmacksrichtungen. Mehr über Teesorten und deren Herstellungsverfahren finden Sie z.B. in Wikipedia.

Bei Früchte- und Kräutertees ist darauf zu achten, dass man keine Tees mit einem hohen Anteil an ätherischen Ölen verwendet, wie beispielsweise bei Tee aus Pfefferminze, Salbei oder Zitronenmelisse. Fügt man keinen zu großen Anteil davon hinzu, gelingt die Herstellung.

Man kann auch vorübergehend ganz ohne grünen Tee oder Schwarztee auskommen, beispielsweise nur mit Früchtetee. Das funktioniert aber nicht auf Dauer. Die Mikroorganismen bilden damit bald keinen stabilen Teepilz mehr. Verwendet man dann wieder ausreichend Grün- oder Schwarztee, erholt sich die Kultur wieder.

Hier ist Experimentierfreudigkeit gefragt und unvoreingenommene, feine Geschmackssinne. Viel Freude beim Ausprobieren!

7. Wie können die wertvollen Inhaltsstoffe von grünem Tee erhalten bleiben?

Diese Frage wird uns häufig gestellt, die Vorgehensweise widerspricht jedoch unserer Empfehlung, den Tee für die Kombucha-Herstellung kurz aufzukochen. Durch Aufkochen werden Fremdkeime abgetötet und die für Kombucha wichtigen Stoffe (z. B. Stickstoff) freigesetzt. Grüner Tee soll hingegen zur Erhaltung seiner wertvollen Inhaltsstoffe nur bei etwa Grad Celsius ziehen.

Wir möchten die Frage hier deshalb dennoch beantworten, weil es Kombucha-Brauer gibt, die hier das Risiko der Verunreinigung nicht scheuen, zumal es sich meist nur um eine Kontamination mit gesundheitlich völlig unbedenklichen Schleimpilzen handelt, die, wie ihr Name schon sagt, Kombucha schleimig machen. Bei der Zubereitung von grünem Tee zum unmittelbaren Verzehr werden eventuelle Fremdkeime gar nicht bemerkt.

Diese wären dann auch nur in geringer Anzahl vorhanden. Wird der Teeaufguss für die Kombucha-Herstellung verwendet, können sie sich darin jedoch vermehren

Beide Zubereitungsformen können miteinander kombiniert werden, wenn Sie eine Hälfte des grünen Tees mitkochen und die andere Hälfte des Tees bei 80 Grad Celsius ziehen lassen. Dann werden beide Teeaufgüsse gezuckert, auf Zimmertemperatur abgekühlt und ins Gärgefäß gefüllt.

Eine weitere und völlig unbedenkliche Vorgehensweise wäre, wenn Sie Kombucha wie für Kombucha beschrieben herstellen, den Tee also kurz aufkochen, und den grünen Tee separat zubereiten. Mischen Sie dann den abgekühlten grünen Tee mit dem fertigen Kombucha zu einem leckeren Mix-Getränk.

8. Wodurch erhält Kombucha verschiedene Geschmacksnoten?

Der zu Kombucha fermentierte Tee ist fein moussierend, schmeckt ein wenig süßsauer und gärig. Man nimmt das Getränk kalt zu sich. Der Geschmack von Kombucha ist speziell, unvergleichlich und erinnert an „Federweißen", also an jungen Wein.

Es gibt unzählige Möglichkeiten, wie man den Geschmack von Kombucha verändern kann. Das gelingt jedoch nicht immer gleich auf Anhieb genauso wie man das möchte. Übung macht bekanntlich den Meister, und es ist stets für Abwechslung gesorgt.

• Gluconsäure

Der typische Geschmack von Kombucha kommt in erster Linie von der Gluconsäure. Gluconsäure wird von den Bakterienstämmen im Original-Kombucha-Teepilz im natürlichen Fermentationsprozess erzeugt. Führende Hersteller moderner Bio-Limonaden nutzen genau diesen Fermentationsprozess mit Kombucha-Mikroorganismen, um Gluconsäure als die wesentliche Geschmackskomponente für ihre Limonaden zu erhalten.

• Teesorten in zahllosen Geschmacksrichtungen

Neben der Gluconsäure ist die verwendete Tee Sorte wichtig für den Geschmack. Ob grüner, weißer oder schwarzer Tee, Früchte- oder Kräutertee – den Geschmacksvariationen sind keine Grenzen gesetzt: grüner Tee mit Sanddorn, Schwarztee mit Hagebutte, grüner Tee mit Holunderblüte und etwas Zitronenmelisse …

Der Anteil an Tees mit ätherischen Ölen, wie beispielsweise Pfefferminztee, Salbei oder Zitronenmelisse, sollte dabei vermieden oder nur zur Abrundung des Geschmacks, also sehr sparsam, eingesetzt werden. Wenn sich der Kombucha-Teepilz eher schlecht ausbildet, kann das ein Zeichen dafür sein, dass der Fermentationsprozess nicht mehr gut gelingt.

Wenn dies bei der Verwendung eines Tees mit einem hohen Anteil ätherischer Öle auftritt, dürfte hier die Ursache liegen. Dann sollte man dessen Anteil verringern oder ihn einfach gleich ganz weglassen. Die Kultur kann sich in einem geeigneten Umfeld wieder erholen.

Das Pilzwachstum fällt in grünem Tee eher üppig aus und verlangsamt sich in Kräutertees. Hagebuttentee lässt den Teepilz oft schneller wachsen, und er wird sehr dick. Bei Experimenten sollten Sie zur Sicherheit eine Pilzschicht zurückbehalten.

• Zuckersorten

Eine wichtige Rolle für den Geschmack spielt auch die verwendete Zuckersorte. Die Schwere des Grafschafter Goldsaftes, der Melasse oder des Vollrohrzuckers kann die feinen Nuancen besonderer Teesorten überdecken. Hier ist dann die neutrale Süße von weißem Haushaltszucker oder kristallinem Rohrohrzucker geeigneter. Der feine Geschmack des Ahornsirups kann dem Getränk noch zusätzlich eine besondere Note verleihen. Welche Zuckersorten geeignet sind, erfahren Sie in einem gesonderten Kapitel. Eine geschmackliche Abrundung mit speziellem Zucker kann immer auch nach dem abgeschlossenen Gärprozess erfolgen.

• Gärdauer

Mit der richtigen Gärdauer steht und fällt das Geschmackserlebnis. Ist Kombucha zu lange gereift, wird es nach etwa drei bis vier Wochen essigsauer und für die meisten als Getränk ungenießbar. Je länger Kombucha also gärt, umso saurer wird es. Eine süffige Süße erhält man schon nach etwa drei bis fünf Tagen bei einer durchschnittlichen Zimmertemperatur von circa 21 Grad Celsius und etwa 90 Gramm Zucker je Liter. Verwenden Sie Gramm Zucker pro Liter, erhalten Sie eine höhere Süße, die eine längere Gärdauer verträgt, in der dann auch wiederum mehr Gluconsäure mit ihrem typischen Geschmack entsteht. Damit hier keine ungewollt starke Säuerung entsteht, sollte man immer wieder einmal probieren. Nehmen Sie dazu einfach einen Strohhalm zu Hilfe. Diese Kontrollmaßnahme gilt besonders für alle, die bei der Kombucha-Herstellung noch unerfahren sind.

Nach dem Abfüllen in Flaschen sollte Kombucha im Kühlschrank gelagert werden. Der Gärprozess wird durch die niedrige Temperatur jedoch stark verlangsamt. Verschließt man die Flaschen luftdicht, entsteht in der Nachgärung mehr prickelnde Kohlensäure.

• Natürliche Zusätze

Zitronen-, Orangen- oder Ingwergeschmack gefällig? Diese haben bei Bio-Limonaden einen Siegeszug angetreten.

So geht‘s:

Ist Kombucha fertig und man möchte eine dieser Geschmacksrichtungen erzielen, gibt man etwa zehn bis 20 Gramm pro Liter frische Zitrone, Orange oder Ingwer in Scheiben in das fertige Kombucha-Getränk. Biologisch angebaute Zitronen und Orangen können mit Schale verwendet werden.

Schälen Sie frischen Ingwer, schneiden Sie ihn in Scheiben oder drücken Sie ihn durch eine Knoblauchpresse. Lassen Sie das Getränk im Kühlschrank mindestens einen Tag ziehen. Sie können die Zusätze auch im fertigen Kombucha-

Getränk belassen.

Beliebt sind auch Trockenfrüchte. Man gebe einen Esslöffel Trockenfrüchte pro Liter in das fertige Kombucha-Getränk. Rosinen sind dafür besonders geeignet. Empfehlenswert sind auch Datteln oder Feigen. Bitte denken Sie daran, dass Sie die Früchte immer erst nach dem Gärprozess zugeben, d. h. nachdem der Kombucha-Teepilz bereits entfernt worden ist. Sonst besteht die Gefahr, dass über die Trockenfrüchte Fremdkeime in die Kombucha-Kultur gelangen. Stevia ist nach dem Gärprozess ein gut geeignetes Süßungsmittel.

• Mit Fruchtsäften oder Sirup mischen

Die Getränkeindustrie macht es vor: Mischen Sie Ihren selbst hergestellten Kombucha mit Fruchtsäften oder Fruchtsirup. Mischen kann man unmittelbar vor dem Trinken oder noch zu Beginn der Nachgärung, also direkt nach dem Abfüllen in Flaschen. Damit stellen Sie wohlschmeckende Cocktails her. Die wertvollen Inhaltsstoffe von Kombucha bleiben Ihnen dabei im Unterschied zu den industriell hergestellten Kombucha-Getränkevariationen erhalten.

Wichtig ist zu beachten: Nach dem Abfüllen in Flaschen kommt es zu einem zweiten Gärprozess, der Nachgärung oder Flaschengärung. Der Zucker, z. B. aus Trockenfrüchten, Sirup oder auch Ingwer, wird jetzt durch die Hefe in Alkohol umgewandelt. Die befüllten Flaschen mit den Zusätzen müssen stabil genug und fest verschließbar sein, damit sie dem Druck während der Nachgärung standhalten und nicht durch die entstehenden Gase explodieren. Am besten sind Glasflaschen mit Bügelverschluss geeignet. Mehr hierzu finden Sie im Kapitel zum Alkoholgehalt in Kombucha.

9. Wie viel und welcher Zucker ist geeignet?

Im Durchschnitt benötigt die Kombucha-Kultur zwischen 80 und 100 Gramm Zucker je Liter Teeansatz. Erschrecken Sie nicht über die Höhe der Zuckermenge. Der Zucker ist Nahrung für die Kultur und nicht für Sie. Er wird zum größten Teil in die wertvollen und erwünschten Inhaltsstoffe umgewandelt.

Die Teepilzkultur ernährt sich von Zucker und Teebestandteilen. Kurz gesagt: Ohne Zucker kein Kombucha.

Welchen Zucker sollte man aber nun verwenden? Denn nicht alles, was süß ist, eignet sich auch gut dafür. Hier kann man viel ausprobieren oder einfach die Klassiker verwenden: den Rohrohrzucker oder den weißen Haushaltszucker. Alle anderen Süßungsmittel, die weniger stark verarbeitet sind als raffinierter Zucker, enthalten z. B. Kalzium, Fette und Eiweiße, die von den Mikroorganismen aus Kombucha erst mit Energieaufwand verarbeitet werden müssen. Antimikrobische Bestandteile in manchen weniger verarbeiteten Süßungsmitteln setzen diesem Prozess zusätzlichen, vermeidbaren Widerstand entgegen.

Folgende Zuckersorten oder Süßungsmittel stehen zur Wahl:

• kristalliner, brauner Rohrohrzucker aus Zuckerrohr ist empfehlenswert. Das Kombucha-Getränk bleibt klar. Dem etwas höheren Anteil an Mineralstoffen, den man auch einfach durch ein Glas Mineralwasser zu sich nehmen könnte, hat der braune Zucker aus Zuckerrohr seine große Beliebtheit zu verdanken. Dieser Vorteil relativiert sich, wenn man weiß, dass Zucker aus Zuckerrohr im Körper durch seinen hohen Gehalt an Fruchtzucker weniger gut verarbeitet wird als der Zucker aus Zuckerrüben.

Der Abbau von Fruchtzucker begünstigt nämlich die Bildung von Fettzellen in der Leber (Fettleber), was gesundheitlich bedenklich ist. Diese Aussage betrifft natürlich nur den Restzuckergehalt im fertigen Kombucha-Getränk. Führt man hier noch den „ökologischen Fußabdruck“ mit ins Feld, verliert der aus fernen Ländern zu uns transportierte, schwere Rohrzucker weiter an Pluspunkten.

• weißer Haushaltszucker ist der andere Klassiker und die preisgünstigste Variante. Er wird aus der heimischen Zuckerrübe hergestellt und kann mit sehr guten Ergebnissen verwendet werden. Für den weißen Haushaltszucker spricht die regionale Herkunft gegenüber dem Rohrzucker aus Zuckerrohr. Er ist heute von führenden Herstellern auch schon in Bio-Qualität erhältlich. Das Kombucha-Getränk bleibt klar.

• getrockneter Zuckerrohrsaft (Vollrohrzucker) ergibt ein Kombucha-Getränk mit dem kräftigen Geschmack des Vollrohrzuckers. Das Wachstum des Kombucha-Teepilzes lässt erst den Eindruck entstehen, dass er Vollrohrzucker nicht besonders „mag“, denn er wächst besonders unregelmäßig. Wir empfehlen Vollrohrzucker deshalb nur als Beimischung. Das Kombucha-Getränk wird durch den Zuckerrohrsaft getrübt.

• Zuckerrübensirup (z. B. „Grafschafter Goldsaft“) Das Kombucha-Getränk nimmt den Geschmack des Zuckerrübensirups an, der dem der Melasse ähnelt. Zuckerrübensirup ist als alleiniges Süßungsmittel ebenfalls nicht geeignet, als Zusatz aber durchaus verwendbar. Der Kombucha-Teepilz und das Kombucha-Getränk werden noch dunkler als mit Vollrohrzucker.

• Melasse ist vergleichbar mit Zuckerrübensirup und führt zu ähnlichen Ergebnissen wie Zuckerrübensirup. Melasse besteht aus Pflanzenbestandteilen der Zuckerrübe, die bei der Herstellung von weißem Haushaltszucker zurückbleiben. Melasse kann als Beimischung verwendet werden.

• Honig ist für das Wachstum des Kombucha-Teepilzes nicht unmittelbar förderlich. Die Kombucha-Kultur kann jedoch in etwa 3 - 5 Schritten einfach an Honig gewöhnt werden. Kombucha wird dann unter dem Namen Jun-Kombucha angeboten. Es handelt sich entgegen der Behauptungen der an zusätzlichem Umsatz interessierten Anbieter dieser Kultur nicht um eine besondere, eigenständige Kultur. Sie ist einfach die an Honig gewöhnte Kombucha Kultur.

Wenn Sie möchten, stellen Sie sich einfach selbst einen „Jun-Kombucha“ her. Geben Sie anstatt Zucker zunächst ein Drittel, dann zwei Drittel und zuletzt ausschließlich Honig als Süßungsmittel in den Ansatz, also bei 100 g Zucker 33 Gramm, dann 66 Gramm und zuletzt 100 Gramm Honig. Sie können dies auch in fünf Schritten tun mit einem Fünftel tun und hätten dann je 100 Gramm Zucker zunächst 20 Gramm, dann 40 Gramm, 60 Gramm, 80 Gramm und zuletzt 100 Gramm Honig im Ansatz.

• Stevia ist ein natürlicher Süßstoff mit hoher Süßkraft und in der Küche allgemein sehr gut als Zuckeralternative geeignet. Stevia wird heute schon in Pulverform sehr preisgünstig angeboten. Seine Konsistenz erinnert an Traubenzucker. Kombucha jedoch kann nicht mit Stevia hergestellt werden. Die Pilzkultur kann sich hiervon nicht ernähren und auch nicht die typischen wertvollen Inhaltsstoffe erzeugen. Stevia kann aber sehr gut zum nachträglichen Süßen verwendet werden. Wer möchte, kann verschiedene Zuckersorten in Verbindung mit verschiedenen Teesorten ausprobieren, egal, von welchem Hersteller sie stammen.

10. Welches Wasser ist für Kombucha geeignet?

Die Frage nach dem geeigneten Wasser für Kombucha ist einfach zu beantworten. Geeignet ist jedes Trink-, Mineral- oder Leitungswasser. Wer Wert auf besondere Wassersorten legt oder sein Wasser filtert, was sicher empfehlenswert ist, kann dieses Wasser selbstverständlich auch verwenden, ebenso wie spezielle, „lebendige“ Wassersorten.

Um das Risiko einer Kontamination mit Fremdkeimen zu reduzieren, sollte unseres Erachtens auch Leitungswasser abgekocht werden. Hierdurch verflüchtigen sich zwar Gase, die dem Fermentationsprozess hilfreich sind, aber es funktioniert dennoch. Leitungswasser ist bestens kontrolliert, aber auch hierin können bisweilen Keimbelastungen vorkommen, z. B. nach Überschwemmungen und Hochwasser, die sich dann in Kombucha vermehren können.

Hier liegt es an Ihnen, das eine gegen das andere abzuwägen und zu entscheiden. Destilliertes Wasser ist kein Lebensmittel und sollte nicht verwendet werden, auch wenn es manche Anbieter vorschlagen.

Der Kombucha-Teepilz wächst in weichem Wasser mit weniger Mineralien besser und gleichmäßiger als in hartem Wasser, was aber in diesem Fall kein Hinweis auf eine bessere Qualität wäre, sondern lediglich eine Frage der Ästhetik.

Spare Wasser – Mach Kombucha!

Wasser ist weltweit ein sehr begrenztes Gut. Wasser zu sparen gewinnt daher überall an Bedeutung. Für die industrielle Herstellung von einem Liter Limonade werden mindestens zwei Liter Wasser benötigt neben dem Liter Wasser, aus dem die Limonade dann schließlich besteht.

Kombucha selbst zu machen, bedeutet damit auch Wasser zu sparen. Um fünf Liter Kombucha herzustellen, braucht man nicht mehr als etwa einen Liter Wasser zum Reinigen des Gärglases und der verwendeten Gegenstände. Das sind etwa 200 ml Wasser je Liter Kombucha! So ist es ganz einfach, Wasser zu sparen: Sie verbrauchen zehnmal weniger Wasser als beim Trinken von Limonade!

11. Wie lange hält der Original-Kombucha-Teepilz?

Der Kombucha-Teepilz verjüngt sich nach oben. Er wächst ständig, und man kann ihn eigentlich endlos lange verwenden. Sinkt der Teepilz im Gärgefäß, bildet sich an der Oberfläche ein neuer Kombucha-Teepilz. Den alten Teepilz sollte man entsorgen, wenn der neue stabil genug ist und eine ausreichende Dicke (ab circa 0,3 Zentimetern) erreicht hat.

Sie können den Teepilz auch ganz weglassen. Es bildet sich immer wieder ein Neuer. Die vitalen Mikroorganismen in der Kombucha-Kultur sind für die Entstehung von Kombucha verantwortlich. Der Teepilz hat hier bestenfalls eine untergeordnete Funktion, die nirgends signifikant nachgewiesen wurde.

Trotz großer Sorgfalt kann es jedoch zu Verunreinigung der gesamten Kultur kommen. Besonders dann, wenn man beispielsweise einmal vergessen hat, sich die Hände gründlich zu waschen, verwendete Geräte zu reinigen, oder versehentlich Brotkrümel oder andere Nahrungsmittelreste in die Kultur gelangen. Eine Verunreinigung ist nicht immer sichtbar und Schimmel nur eine auffällige Kontamination.

Für eine langfristige Sicherheit ist es deshalb empfehlenswert, eine schon länger verwendete Kombucha-Kultur gelegentlich vollständig gegen eine überprüfte und hygienisch einwandfreie OkitaVit®-Kombucha-Kultur auszutauschen.

Wir nehmen über unsere Nahrung immer unerwünschte Fremdkeime auf und bei einem intakten Immunsystem ist das unbedenklich. Dennoch sollte man hier keine zu große Sorglosigkeit an den Tag legen.

Ein Austausch der gesamten Kultur sollte spätestens dann erfolgen, wenn Kombucha ungewohnt riecht oder wenn sich der Geschmack verändert hat. Dies sind deutliche Anzeichen für die Verunreinigung der Kultur mit Fremdkeimen.

12. Was kann man mit älteren Pilzschichten tun?

Ältere Teile des Teepilzes können entsorgt oder aber zur Hautpflege verwendet werden.

Rezept für eine hervorragende Gesichtscreme (auf dankenswerte Empfehlung einer Kundin):

Zutaten: fünf Gramm Bienenwachs, 15 Gramm Wollfett, 40 Gramm Mandel-, Avocado-, Walnussöl oder ein anderes, hochwertiges Öl, 40 Gramm Original-Kombucha-Teepilz, drei Tropfen Lavendel- oder Rosenöl.

Zubereitung: Das Bienenwachs im heißen Wasserbad schmelzen. Das Wollfett und das Öl dazugeben. Alles auf 55 bis 60 Grad Celsius erwärmen. Den Kombucha im Mixer zu einer homogenen Masse zerkleinern und zu dem erwärmten Gemisch geben. Diese Mischung etwa sechs Minuten verrühren, bis alles klümpchenfrei abgekühlt ist. Zuletzt das Lavendel- oder Rosenöl hinzufügen. Lagerung: Die Creme im Kühlschrank aufbewahren und bald verbrauchen.

13. Was tun mit Kombucha während des Urlaubs?

Wer längere Zeit kein Kombucha-Getränk herstellen möchte

oder in den Urlaub fährt, kann die Kombucha- Kultur bis zu vier Wochen und länger im gefüllten Gärgefäß belassen.

Nach vier Wochen ist Kombucha sehr sauer und zum Verzehr nicht mehr geeignet, aber als Kombucha-Essig zum Würzen, zum Desinfizieren des Gärgefäßes oder als Ansatzflüssigkeit sehr gut geeignet. Bei der Verwendung als Ansatzflüssigkeit reift Kombucha jetzt schneller. Der hohe Säuregehalt hat eine positive Nebenwirkung: Die Kombucha-Kultur reinigt sich selbst von vielen, kulturfremden Mikroorganismen.

Manche lagern die Kombucha-Kultur für diese Zeit im Kühlschrank in gezuckertem Tee. Der Stoffwechselprozess wird dann verlangsamt und die Kultur geht in eine Ruhephase. Der Teepilz wird sich dunkel verfärben, dann aber in frisch gesüßtem Teeansatz wieder aktiv und kann wie zuvor weiterverwendet werden. Die „Reaktivierung“ wird allerdings einige Tage dauern.

Die Aufbewahrung außerhalb des Kühlschranks ist unserer Erfahrung nach empfehlenswerter.

III. Probleme bei der Herstellung

1. Was tun, wenn keine Kohlensäure entsteht?

Während des Gärprozesses entsteht im Kombucha-Getränk Kohlensäure. Füllt man das fertige Kombucha-Getränk in Flaschen um, schäumt es deshalb meist deutlich. Die Kohlensäure ist sehr beliebt und macht Kombucha prickelnd frisch, besonders wenn das Getränk gekühlt getrunken wird. Bei verschlossenen Flaschen bildet sich auch im Kühlschrank noch während der Nachgärung zusätzliche Kohlensäure.

Das hängt damit zusammen, dass sich der Fermentationsprozess auch hier fortsetzt. Kombucha bleibt also „lebendig". Die Flasche zischt ein wenig, wenn man sie öffnet. Das ist das Zeichen für die Bildung von Kohlensäure in der Nachgärung. Hier darf man keine so starke Kohlensäurebildung erwarten wie bei Mineralwasser oder Limonade mit Kohlensäure. Allerdings kann man hier gezielt eingreifen und diesen Prozess fördern. Wie das geht, lesen Sie weiter unten.

Immer wieder kommt es vor, dass im Gärprozess jedoch keine oder fast keine Kohlensäure entsteht. Hier mag es sein, dass sich eine umgesiedelte Kultur erst an das Wasser, den Tee und den Zucker „gewöhnen" muss, wenn sie in eine neue „Umgebung" kommt.

Nach einigen Gärprozessen normalisiert sich das und es bildet sich regelmäßig Kohlensäure. Voraussetzung für einen erfolgreichen Gärprozess und die Bildung von Kohlensäure ist selbstverständlich immer eine vitale Kultur als Ansatz, die nicht über viele Wochen oder länger unter Luftabschluss ihre Vitalität eingebüßt hat.

Zur Bildung von Kohlensäure kommt es dann, wenn Hefen den Zucker zu Kohlendioxyd und Ethanol (Alkohol) vergären. Dadurch wird das Moussieren des Kombucha-Getränks hervorgerufen. Anschließend wird das Ethanol zu Essigsäure oxidiert.

Fördern kann man also die Bildung von Kohlensäure, indem man das Wachstum der Hefezellen einfach erhöht und die Luftzufuhr in der Nachgärung einschränkt, denn ohne Luft können die Essigsäurebakterien hier nicht wieder entgegenwirken.

Ganz praktisch kann man das Wachstum der Hefezellen unterstützen, indem man z. B. das Gärgefäß nach einem Gärprozess nicht wieder auswäscht, sondern den Bodensatz mit Hefezellen im neuen Ansatz belässt.

Beachtet man sorgfältig die übrigen Hygienevorschriften, kann man dies auch zwei- bis dreimal hintereinander machen, bevor man das Gärgefäß dann wieder gründlich reinigt.

Die Teepilzkultur sollte man jedoch jedes Mal gründlich unter fließendem Wasser säubern und von Anhaftungen befreien. Die Hefezellen überleben nur, wenn der Teeansatz abgekühlt in das Gärglas hinzugegeben wird.

Nach dem Abfüllen in Flaschen bildet sich während der Nachgärung weiterhin Kohlensäure. Dies kann man mit einem Trick deutlich verstärken. Geben Sie hierfür hefehaltigen Bodensatz aus dem Gärgefäß in die Flaschen und schon werden innerhalb der kommenden Tage die Hefezellen aus dem Restzucker weiter Kohlensäure produzieren.

Verschließen Sie die Flaschen luftdicht, damit die Essigsäurebakterien dies nicht durch die Erzeugung von Essigsäure unterlaufen, denn dafür benötigen sie Sauerstoff.

Verwenden Sie robuste und fest verschließbare Flaschen, z. B. Glasflaschen mit Bügelverschluss, damit sie nicht unter dem Druck der entstehenden Gase platzen. Dieser Prozess beschleunigt sich bei Zimmertemperatur und verlangsamt sich bei niedrigen Temperaturen im Kühlschrank. Wir wünschen Ihnen einen prickelnden Genuss.

Es kann auch vorkommen, dass sich keine Kohlensäure bildet, obwohl das sonst immer der Fall gewesen ist. Dies kann damit zusammenhängen, dass Kombucha saurer als sonst geworden ist. Bei erhöhtem Säuregehalt verringert sich die Kohlensäure zunehmend, weil sich die Oxidation fortsetzt.

Andere Gründe für eine unzureichende Kohlensäurebildung können sein, dass man zu wenig Zucker hinzugegeben oder weniger gut geeignete Süßungsmittel als bisher verwendet hat.

Eine andere Erklärung könnte sein, dass sich auf der Oberfläche keine Pilzschicht gebildet hat und der Pilz untergegangen ist. Die Pilzschicht auf der Oberfläche verhindert dann, dass Kohlensäure austritt. Warum der Pilz untergeht oder oben schwimmt, ist nicht hinreichend erklärbar.

Spülmittelrückstände im Glas können die Kohlensäurebildung ebenfalls behindern. Der Fermentationsprozess kann dadurch insgesamt gestört werden.

2. Was tun, wenn Kombucha zu sauer schmeckt?

Die Kombucha-Kultur zeichnet sich dadurch aus, dass sie gesüßten Tee säuert. Durch diese Säuerung entwickeln sich die wertvollen Inhaltsstoffe von Kombucha. Die Reifezeit beträgt ca. 5 bis 14 Tage.

Wenn Kombucha zu sauer schmeckt, kann das verschiedene Ursachen haben:

a) Kombucha ist zu lange gereift.

b) Die Umgebungstemperatur ist höher als sonst (z. B. im Sommer oder durch die Standortwahl nahe einer Heizung oder Wärmequelle).

c) Es wurde weniger Zucker hinzugegeben als sonst.

d) Es wurde mehr Ansatzflüssigkeit als sonst verwendet.

e) Die Ansatzflüssigkeit hatte einen niedrigeren pH-Wert, also eine höhere Säure als sonst.

Der Zeitraum bis zur gewünschten Reife ist abhängig von:

a) der Zuckermenge: Je weniger Zucker verwendet wird, desto schneller schmeckt Kombucha sauer.

b) der Umgebungstemperatur: Je höher die Umgebungstemperatur ist, desto schneller reift und säuert Kombucha.

c) der Menge der Ansatzflüssigkeit: Je mehr Ansatzflüssigkeit zugeführt wird, desto schneller säuert Kombucha. Sie sollten mindestens zehn Prozent Ansatzflüssigkeit, also 100 ml je Liter gesüßten Tees nehmen, der zu Kombucha reifen soll. Ist die Ansatzflüssigkeit sehr sauer und hat also einen sehr niedrigen pH-Wert, dann kann auch weniger ausreichen.

<u>Tipp:</u> Probieren Sie Kombucha gelegentlich, bevor Sie es „ernten“. Hierfür nehmen Sie einfach einen Strohhalm.

Dann können Sie den Gärprozess genau dann beenden, wenn Kombucha den Säuregrad erreicht hat, der Ihrem Geschmack entspricht. Die dadurch verursachte Bewegung schadet der Kombucha-Kultur nicht. Wächst der Kombucha-Teepilz deswegen ungleichmäßig, ist das kein Hinweis auf eine mindere Qualität.

Ist Kombucha saurer geworden als gewünscht, kann mit Sirup, Stevia oder anderen Süßungsmitteln wie bereits beschrieben gut nachgesüßt werden. In der Zweitfermentation nach der „Ernte" gibt es vielfache Möglichkeiten. Trockenfrüchte sind hier sehr beliebt, wodurch in der Nachgärung auch zusätzliche Kohlensäure entsteht.

Kombucha soll ein gesunder Genuss sein. Trinken Sie Kombucha nicht saurer, als es Ihnen schmeckt. Die Vorliebe für Säure kann sich allerdings verändern. Zu manchen Zeiten mögen Sie vielleicht mehr, zu anderen Zeiten weniger Säure. Folgen Sie Ihrem Geschmackssinn und probieren aus, was Ihnen gut bekommt.

3. Was ist, wenn ein Ableger ungleichmäßig ist oder instabil?

Der Original-Kombucha-Teepilz entsteht immer wieder neu aus den Mikroorganismen in der Kombucha-Kultur. Diese neuen Teepilze können mitunter auch recht ungleichmäßig werden.

Bei einer starken Gärung mit lebhafter Blasenbildung

kann die Oberfläche sehr uneben werden. Das ist dann unbedenklich und kein Hinweis auf eine schlechte Qualität oder eine Kontamination mit Fremdkeimen. Ein gleichmäßiges Wachstum des Kombucha-Teepilzes ist von vielen kaum kalkulierbaren Faktoren abhängig wie dem Zusammenspiel der Tee- und Zuckersorte, ihrem Mischungsverhältnis und den Rahmenbedingungen wie der Umgebungstemperatur.

Für ein gleichmäßiges Wachstum gehört vielleicht auch etwas dazu, was dem „grünen Daumen" bei Pflanzen entspricht. Einige Kunden berichten von ständig gleichmäßig gewachsenen Ablegern und andere klagen darüber, dass sie hier nicht die erwünschten Ergebnisse erzielen. Aber noch einmal. Lassen Sie sich nicht beirren. Ein ungleichmäßiges Wachstum ist kein Hinweis auf eine minderwertige Qualität der Kultur.

Wird zu viel Tee z. B. mit einem hohen Anteil ätherischer Öle verwendet oder bleiben Rückstände von Reinigungsmitteln im Gärgefäß zurück, dann kann der Fermentationsprozess gestört werden und sich deshalb ein instabiler Teepilz entwickeln. Die Kultur erholt sich davon gewöhnlich wieder, wenn man ihr eine geeignetere Umgebung verschafft.

Auch bei Versuchen mit weniger gut oder gar nicht geeigneten Süßungsmitteln (getrockneter Zuckerrohrsaft, Ahornsirup, Agave Sirup, Honig, Stevia) kann das Wachstum einer neuen Kultur gestört werden. Verwenden Sie dann so lange kristallinen Rohrohrzucker oder weißen Haushaltszucker für den Ansatz, bis sich ein neuer, stabiler Pilz gebildet hat. Haushaltszucker aus Zuckerrüben ist der bewährte Klassiker und auch in Bio-Qualität erhältlich.

Der Grund für eine unstabile Kultur kann auch ein zu niedriger Zuckeranteil bei zu langer Gärung sein. Erhöhen Sie dann den Zuckeranteil.

Eine Kultur, die heute sehr regelmäßig wächst, kann beim

nächsten Ansatz einen unregelmäßigen Pilz bilden und umgekehrt. Flüssigkeitseinlagerungen während der Pilzbildung können zu durchsichtigen Stellen, punktuell oder großflächig, im Teepilz führen. Das ist vollkommen unbedenklich und normal.

Eine Kontamination mit Kahmhefe kann eine weitere Ursache für eine schlechte Pilzbildung sein. Ist Kahmhefe in der Kultur, bildet sich auf der Oberfläche eine nur hauchdünne, gräuliche Pilzschicht und die Säuerung ist unzureichend.

Kahmhefe ist gesundheitlich unbedenklich. Sie wird meist beim nächsten Ansatz wieder verschwinden. Sie kann über die Umgebungsluft in die Kultur gekommen sein. Mehr dazu im Kapitel III „Wie verhindert man Schimmelbildung wirksam und was ist bei Schimmelbefall zu tun?“.

Kombucha lebt nicht in einem geschlossenen System und ist dadurch äußeren Einflüssen ausgesetzt. Zum Abtöten fremder Mikroorganismen lassen Sie die Kultur einfach drei bis vier Wochen in gesüßtem Tee. Dadurch entsteht ein sehr niedriger pH-Wert, also eine hohe Säure, wodurch viele kulturfremde Mikroorganismen vernichtet werden.

Eine weitere Ursache für eine instabile Kultur können auch Essigälchen (Turbatrixaceti, syn. Anguillula aceti) sein. Sie treten bei Kombucha äußerst selten auf. Sie ernähren sich von Bakterien, weshalb sich in Kombucha der Teepilz dann nicht mehr richtig ausbilden kann. Auch funktioniert dadurch die Säuerung nicht mehr richtig. Essigälchen sind gesundheitlich völlig unbedenklich.

Sie leben meist in nicht pasteurisierten Flüssigkeiten, in denen eine Essiggärung auftritt. Sie können durch Fruchtfliegen von gärendem Obst auf Kombucha übertragen werden, sind aber auch außerhalb von saurem Milieu für einige Tage überlebensfähig. Es gibt also zusätzliche Übertragungswege.

Essigälchen sind bis zu zwei Millimeter lange Fadenwürmer und bewegen sich wie Aale. Um sie zu entdecken, kann man mit einer Taschenlampe in das Kombucha-Gefäß leuchten und wird sie dann erkennen können. Sie bewegen sich hin zur Lichtquelle. Sie können zwar durch Filterung entfernt werden, aber nicht ihre Larven. Kombucha ist nach Befall mit Essigälchen nicht mehr zu retten und muss entsorgt werden.

Schützen können Sie Kombucha durch die hier beschriebenen Hygieneregeln und die obligatorische Abdeckung des Gärgefäßes. Zur Desinfektion aller verwendeten Gegenstände nehmen Sie sehr heißes Wasser oder auch Kombucha-Essig. Gegen Essigälchen nützt die Desinfektion mit Kombucha-Essig jedoch nicht.

Original-Kombucha.de bietet Ihnen besonders gleichmäßig gewachsene Original-Kombucha-Teepilze an und hütet jedoch die genauen Bedingungen für ein gleichmäßiges Wachstum als strengstes Betriebsgeheimnis. Wir möchten unseren Kunden gleichmäßig gewachsene Teepilze anbieten. Weiterhin hüten wir den in Vergessenheit geratenen, vollkommen natürlichen Vitalisierungsprozess, dem jede unserer Kulturen unterzogen wird. Ein vollkommen gleichmäßiges Wachstum können wir jedoch leider auch nicht in jedem Fall erzielen, wofür wir um Verständnis bitten. Der hohe Qualitätsstandard unserer Kultur ist in jedem Fall gewährleistet.

4. Was passiert, wenn die untere Seite des Kombucha-Teepilzes nach oben zeigt?

Die obere Seite des Kombucha-Teepilzes ist glatter und ebener als die untere Seite. Die untere Seite ist an den Rändern meist abgerundet. Legt man den Kombucha-Teepilz mit der unteren Seite nach oben in den Tee ins Gärgefäß, also „verkehrt herum“, ist das völlig unproblematisch.

Dies wird sogar in älteren Schriften empfohlen. Kombucha entsteht also trotzdem, und oben auf der Oberfläche wächst auch ein neuer Pilz über dem darunter liegenden Teepilz.

5. Wieso schwimmt der Teepilz mal oben oder sinkt auf den Boden des Gärgefäßes?

Wer zum ersten Mal Kombucha braut, ist oft verunsichert, wenn der Kombucha-Teepilz nicht an der Oberfläche schwimmt, sondern untergeht, und befürchtet, etwas falsch gemacht zu haben. Andere denken, dass der Teepilz nicht in Ordnung sei. Deshalb soll an dieser Stelle alle Besorgnis darüber genommen werden.

Der Kombucha-Teepilz kann an der Oberfläche des Gärgefäßes schwimmen oder ebenso gut auf den Boden absinken. Dies ist nicht zu kontrollieren und nicht hinreichend erklärbar.

Auch „Schieflagen" des Teepilzes im Gärglas sind möglich und völlig unbedenklich, auf welcher Höhe er auch immer schwimmt. Manchmal steigt der Teepilz im fortgeschrittenen Gärprozess auch wieder an die Oberfläche. Dies kann mit der entstehenden Kohlensäure zusammenhängen.

Manchmal löst das genaue Gegenteil Besorgnis aus, nämlich dann, wenn Kombucha-Brauer glauben, der Kombucha-Teepilz müsste nach unten gedrückt werden, wenn er auf der Oberfläche schwimmt. Hierbei wird der Kombucha-Teepilz verwechselt mit einer Essigmutter. Diese muss tatsächlich immer wieder nach unten gedrückt werden, wenn sie an die Oberfläche aufsteigt.

6. Wann wird das Kombucha-Getränk trüb oder schmeckt bitter?

Bitterstoffe kommen nie von den vitalen Teilen der Kombucha-Kultur selbst. Wenn Kombucha säuert, lebt die Kultur und die Fermentation funktioniert. Ein bitterer Geschmack und die Trübung können verschiedene Ursachen haben:

- Es wurde eine Teesorte mit einem sehr hohen Anteil an

Bitterstoffen verwendet. Dazu zählt beispielsweise der ansonsten zur Kombucha-Herstellung sehr zu empfehlende Cistus-Tee. Aber auch dadurch, dass man schwarzen oder grünen Tee vergleichsweise lange (etwa 20 Minuten) ziehen lässt, entstehen ganz natürlich Bitterstoffe.

Je mehr Tee Sie nehmen, umso mehr Bitterstoffe werden abgegeben. Mikroskopisch kleine Teebestandteile bleiben im Tee zurück, auch wenn die Teeblätter bereits herausgenommen wurden. Auch sie geben weiterhin Bitterstoffe ab. Dies können Sie verhindern, indem Sie den Tee durch einen feinen Filter gießen, z.B. einen Kaffeefilter.

• Tees ohne Bitterstoffe (z. B. Hagebuttentee) reduzieren als Beimischung die Bitterstoffe und mildern einen bitteren Geschmack. Kombucha schmeckt dann fruchtiger.

• Es wurde zu viel Tee genommen. Ein leichter Tee aus etwa drei Gramm je Liter reicht aus. Man sollte maximal zehn Gramm pro Liter verwenden.

Ein weiterer Grund für einen hohen Anteil an Bitterstoffen kann sein, dass der Tee deutlich länger gezogen hat als sonst üblich. Denn Tee für Kombucha 20 Minuten ziehen zu lassen wird jedoch empfohlen, weshalb ein geringer Anteil Tee ausreichend ist.

Zur Bitterkeit kann auch beitragen, wenn zu wenig Zucker zugegeben oder der Zucker ganz vergessen wurde. Zucker wirkt jedoch eher der Säure entgegen, als dass er Bitterstoffen neutralisiert.

• Man hat versäumt, die Kultur gründlich nach dem Gärprozess unter fließend kaltem oder lauwarmem Wasser zu reinigen. Dann können durch die Rückstände auch bittere Geschmacksstoffe entstehen.

Vorsicht: Zu warmes Wasser bei der Reinigung schadet

der Kombucha-Pilzkultur. Abgestorbene und alte Anlagerungen sollten auch zwischen den Pilzschichten entfernt werden.

• Stoffwechselprodukte, die im Getränk schwimmen und die der Kombucha-Teepilz bildet, wurden nicht ab gesiebt. Sie können Bitterstoffe enthalten. Das gilt auch für die Schwebstoffe von Schwarz- oder Grünte.

• Dunkle Stellen, die sich am Rande oder auch mitten in der Pilzkultur bilden, wurden nicht herausgeschnitten. Auch sie können einen bitteren oder fauligen Geschmack erzeugen. Sorgfältige Pflege ist wichtig.
Ältere, also insgesamt dunkel verfärbte Teepilze oder ebensolche Schichten von Teepilz sollten entsorgt und ein neu gebildeter Teepilz verwendet werden.

Auch der schönste Kombucha-Teepilz altert, wird nach einigen Wochen unbrauchbar und kann dann Geschmacksbeeinträchtigungen verursachen.

7. Was ist passiert, wenn das Kombucha-Getränk dickflüssig wird?

Wenn der Kombucha-Teepilz dickflüssig wird, war im Tee wahrscheinlich ein Schleimpilz. Das ist nichts Ungewöhnliches, denn Tee ist immer wieder von Schleimpilzen befallen. Wird der Tee nicht ausreichend lange abgekocht, überlebt der Schleimpilz und kann sich im Fermentationsprozess vermehren und das gesamte Kombucha-Getränk dickflüssig machen.

Der Schleimpilz ist für Menschen völlig unbedenklich. Mehr zu Schleimpilzen finden Sie auf der sorgfältig gepflegten Internetseite: www.schleimpilz-liz.de. Befall durch einen Schleimpilz können Sie also erfolgreich vorbeugen, indem Sie entsprechend der Hygienehinweise in unserer Gebrauchsanleitung vorgehen und den Tee wenige Minuten mitkochen. Dann stirbt der Schleimpilz sicher ab.

Wenn Ihr Kombucha dickflüssig wird, lassen Sie den Kombucha-Teepilz etwa drei Wochen gären. Dann entsteht ein so niedriger pH-Wert (bis etwa 2,5), dass Fremdkeime abgetötet werden können.

Sollte sich dann noch immer Schleim bilden, entsorgen Sie den Kombucha-Teepilz. Wenn Sie sichergehen wollen, ersetzen Sie die gesamte Kultur durch einen kontrollierten OkiraVit®-Original-Kombucha-Teepilz.

8. Zweifel: „Ist das Schimmel?"

Dies ist unsere meist gelesene FAQ. Zur Frage nach Schimmel herrscht bei unerfahrenen Kombucha-Brauern die größte Verunsicherung. Unnötigerweise!

Kunden, die zum ersten Mal Kombucha selbst machen, halten gewöhnliche Veränderungen in ihrem Kombucha-Gärglas oft für Schimmel. Die auch darüber hinaus gehende, allgemeine Verunsicherung ist verständlich, weil Kombucha genau das tun soll, was bei herkömmlichen Lebensmittel Anzeichen dafür sind, dass sie verdorben sind: Es lebt, gärt und verändert sich. Ein natürlicher, biologischer Prozess wird ausgelöst, ein Qualitätsmerkmal.

Häufig schicken unsere Kunden uns die Bilder dieses vollkommen gewöhnlichen Gärprozesses und fragen besorgt, was sie denn wohl falsch gemacht haben könnten, obwohl sie sich doch streng an die Anleitung zur Herstellung gehalten hätten. Oder sie behaupten mit tiefster Überzeugung, dass es sich beispielsweise bei einer neuen Pilzschicht an der Oberfläche oder bei Ablagerungen von Teebestandteilen an, unter oder in der Kultur um Schimmel handeln würde und wollen reklamieren.

Ist einmal das Urteil „Schimmel“ gefallen, kann dies so verunsichern, dass es nicht immer korrigierbar ist.

Wenn Sie entsprechend unserer Hygieneregeln vorgehen, können Sie Schimmelbildung praktisch ausschließen.

Kombucha braucht keine sterilen Laborbedingungen. Kombucha ist recht widerstandsfähig.

Dennoch sollten Sie nicht sorglos werden.

Hierauf ist zu achten, um Schimmelbildung vorzubeugen:

Wie verhindert man Schimmelbildung wirksam und was ist bei Schimmelbefall oder dem Befall mit Kahmhefe oder Schleimpilzen zu tun?

Was wie gesagt bei herkömmlichen Lebensmitteln auf ihre Verdorbenheit hinweist, ist in einem Gärprozess gewollt: Veränderung und Säuerung. Vorschnell werden deshalb z.B. angelagerte, grünbräunliche Teebestandteile mit Schimmel verwechselt oder wenn sich ein neuer Teepilz bildet.

Deshalb möchten wir an dieser Stelle alle Punkte zu diesem Thema zusammenfassen, auch wenn manches davon an anderen Stellen in diesem Buch bereits gesagt ist.

Normale Erscheinungen bei dem Kombucha-Gärprozess oder der Fermentation sind inselartige, weiße, mehr oder weniger schaumige Bereiche auf der Oberfläche des Kombucha-Getränks. Hierunter sammeln sich meist grünbräunliche Schwebestoffe aus dem Tee.

Dies ist kein Schimmel, sondern das ist ein gewöhnliches Phänomen im Gärprozess. Der Teepilz zieht diese Schwebestoffe an. Schaum- und Blasenbildung sind die ersten Anzeichen für die Entstehung eines neuen Teepilzes auf der Oberfläche. Die Umwandlung von Zucker führt zur Bildung von Kohlensäure und Schaum.

Schimmel unterscheidet sich hiervon deutlich durch pelzige Härchen Bildung auf der Oberfläche des Pilzes oder der Flüssigkeit, meist in grünlicher, grauer oder auch weißer Farbe. Schimmel bildet sich in zunächst scharf abgetrennten Bereichen, die sich später ausdehnen können.

Wenn Sie unsicher sind, schauen Sie sich hierzu Bilder im Internet an. Geben Sie in das Suchfeld zum Beispiel von Google „Kombucha“ ein und wählen die Kategorie „Bilder“ aus. Dort finden Sie Abbildungen von Schimmel auf Kombucha. Dann werden Sie die Unterschiede zwischen den typischen Merkmalen in einem Gärprozess und Schimmel schnell erkennen.

Schimmel braucht Luft, weshalb Schimmel nie unter dem Pilz oder in der Kombucha-Flüssigkeit wachsen kann. Die typischen Hefefäden unter der Pilzkultur oder im Kombucha-Getränk, an denen sich dunkelbraune Schwebestoffe aus dem Tee anlagern, haben also ebenso in keinem Fall etwas mit Schimmel zu tun. Auch sind dies keine Brutstätten für die Larven von Fruchtfliegen, wie letztens eine Kundin befürchtete.

Was man bei Schimmelbefall tun kann und wie man

Schimmel wirkungsvoll vorbeugen kann, erfahren Sie gleich. Zuvor ein Wort zur Kahmhefe, denn der können Sie mit denselben Mitteln begegnen.

Im Unterschied zum Schimmel ist Kahmhefe für den Menschen vollkommen unbedenklich. Kahmhefe beeinträchtigt allerdings das Wachstum der gesamten Kombucha-Kultur. Sie führt, wie schon im dritten Kapitel beschrieben, zu einer unzureichenden Pilzbildung und keiner ausreichenden Säuerung. Auf der Oberfläche bildet sich dann eine nur hauchdünne, gräuliche Pilzschicht.

Kahmhefe kommt, wie auch Schimmel, meist über die Luft mit der Kombucha-Kultur in Kontakt. Sie ist im Unterschied zu Schimmel sehr empfindlich und wird auch ohne besondere Maßnahmen beim nächsten Ansatz meist schon wieder verschwunden sein. Kahmhefe kann aber die Kultur auch viel leichter befallen als Schimmel.

Schleimpilze können durch den Tee übertragen werden, wenn der nicht kurz mitgekocht wurde. Sie sind für den Menschen ebenso harmlos wie Kahmhefe und machen das Kombucha-Getränk schleimig.

Sollte Kahmhefe wiederholt auftreten, dann können Sie mit den folgenden Maßnahmen Abhilfe schaffen, wie auch an anderer Stelle in diesem Buch beschrieben. Sie gelten auch für Schimmel und Schleimpilze.

Durch starkes Säuern – niedrigen pH-Wert erzeugen Reinigen Sie den Teepilz zunächst sorgfältig unter kaltem oder lauwarmem Wasser. Lassen Sie ihn dann etwa vier Wochen in der Nährlösung, also dem gezuckerten Tee mit ausreichend Ansatzflüssigkeit, gären.

Dadurch entsteht ein niedriger pH-Wert von etwa 2,5, sodass Fremdkeime abgetötet werden. Zum Abspülen können Sie Essig, am besten Kombucha-Essig, verwenden, um Anhaftungen von Fremdkeimen erfolgreicher entfernen zu können.

Sollte sich dann noch immer Schimmel, Kahmhefe oder

Schleim (Schleimpilz) bilden, entsorgen Sie die gesamte Kultur, also den Kombucha-Teepilz mit Ansatzflüssigkeit, und besorgen Sie sich einen neuen, kontrollierten OkiraVit® Original-Kombucha-Teepilz mit Ansatzflüssigkeit.

Wer entsprechend unseren Hygieneregeln vorgeht, kann Kahmhefe nicht ganz so sicher, aber Schimmelbildung und den Befall mit Schleimpilzen praktisch ausschließen. Aus diesem Grund möchten wir für Sie die schon an anderen Stellen in diesem Buch genannten Hygieneregeln zusammenfassen:

8.1 Lassen Sie den Tee etwa eine Minute mitkochen

Dadurch werden kulturfremde Keime und Pilze abgetötet, die im Fermentationsprozess mit Kombucha zu Schimmel oder anderen Verunreinigungen der Kultur führen könnten. Bei unmittelbarem Teegenuss werden diese Keime unbemerkt getrunken. Sie können sich aber im Gärprozess vermehren.

8.2 Reinigen Sie das Gärgefäß gründlich

Das Gärgefäß mit Wasser reinigen, bei Bedarf Spülmittel verwenden und wieder gründlich ausspülen. Zur Desinfektion ist selbst hergestellter Kombucha-Essig das Mittel der Wahl oder heißes Wasser. Kombucha-Essig erhalten Sie, wenn Sie Kombucha vier Wochen oder länger fermentieren, also reifen lassen. Kombucha-Essig ist so lange wie auch anderer Essig haltbar.

8.3 Säuern Sie den Tee ausreichend mit selbst hergestelltem Kombucha (Ansatzflüssigkeit) an

Sehr wichtig ist die ausreichende Ansäuerung des abgekühlten und gezuckerten Tees, um Schimmelbildung zu vermeiden. Jeden neuen Kombucha-Ansatz deshalb mit mindestens zehn Prozent fertigen Kombucha-Getränks ansäuern. Säure ist der natürliche Feind des Schimmels.

Kombucha enthält, wie schon bei den Inhaltsstoffen beschrieben, natürlicherweise Propionsäure. Sie ist wirksam gegen Schimmelbildung und wird auch bei der industriellen Herstellung von Lebensmitteln als Zusatzstoff gegen Schimmelbefall verwendet.

Manche Anbieter empfehlen, herkömmlichen Essig zum Erstansatz mit hinzuzugeben. Damit soll Schimmelbildung verhindert werden. Es ist richtig, dass durch die höhere Säure des Essigs Schimmelbildung verhindert würde. Wir raten dennoch davon ab!

Durch herkömmlichen Essig kann die Zusammensetzung der kulturtypischen Mikroorganismen in Kombucha verändert werden und aus ihrem typischen Gleichgewicht geraten. Selbst hergestellten Kombucha-Essig können Sie hierfür selbstverständlich verwenden.

8.4 Verwenden Sie keine Kombucha-Kultur als Start-Set, die viele Wochen oder gar monatelang unter Luftabschluss aufbewahrt wurde

Die Vitalität einer solchen Kultur ist eingeschränkt oder gar nicht mehr vorhanden. Die vitalen Mikroorganismen in der Kombucha-Kultur benötigen Sauerstoff für ihren Stoffwechsel. Darauf können sie nur vorübergehend verzichten. Ohne ausreichende Vitalität säuert Ihr Erstansatz hiermit nicht mehr oder nur noch vermindert und dann vermehren sich Schimmelsporen schnell ungehindert.

8.5 Decken Sie das Gärglas sorgfältig und luftdurchlässig ab

Damit wird verhindert, dass entweder Keime aus der Luft oder Essig- oder Fruchtfliegen in das Gärglas gelangen.

8.6 Platzieren Sie Obst oder Topfpflanzen nicht in der Nähe des Gärglases

Auf Obst und in der Blumenerde von Topfpflanzen sind

häufig Schimmelkeime und könnten den Kombucha-Teepilz befallen.

8.7 Geben Sie den Zucker in den noch heißen Tee

Die Hitze ist dann noch ausreichend, um mögliche kulturfremde Keime im Zucker abzutöten. Zucker ist jedoch auch ein natürliches Konservierungsmittel und selten Träger von Fremdkeimen.

8.8 Geben Sie den Kombucha-Teepilz immer in den auf Zimmertemperatur abgekühlten Tee.

Geben Sie die Kombucha-Kultur niemals in zu warmen oder gar heißen Tee. Lauwarmer Tee bis 34 Grad Celsius ist in Ordnung. Die Kultur ist hitzeempfindlich. Die lebendigen Zellen sterben bei zu hohen Temperaturen ab. Als Folge säuert der Teeansatz dann nicht mehr oder nur noch eingeschränkt.

8.9 Vorsicht bei Trockenobst

In manchen Rezepten für Kombucha wird empfohlen, Trockenobst zum Fermentationsprozess mit in den Tee zu geben. Geschmacklich ist das empfehlenswert, aus hygienischen Gründen jedoch überhaupt nicht. Trockenfrüchte sind oft Träger unerwünschter Fremdkeime und übertragen diese in die Kombucha-Kultur, in der sie sich dann vermehren. Geben Sie deshalb Trockenfrüchte ausnahmslos erst nach Abschluss des ersten Gärprozesses in das fertige Kombucha-Getränk und niemals zusammen mit dem Kombucha-Teepilz.

8.10 Beachten Sie die Hygienehinweise

Kombucha wächst und fermentiert in einem offenen System. Deshalb ist ein Befall mit Fremdkeimen nicht völlig auszuschließen, kann aber durch die Befolgung unserer Hygienehinweise weitestgehend verhindert werden.

Die Kombucha-Kultur ist sehr widerstandsfähig und hat eine gute Regenerationsfähigkeit, besonders durch die oben genannte Propionsäure. Diese Widerstandsfähigkeit sollten Sie jedoch nicht überstrapazieren.

9. Was tun gegen Essig- und Fruchtfliegen?

Essig- und Fruchtfliegen mögen Kombucha. Eine einseitige Liebe. Essig- und Fruchtfliegen werden von Kombucha magisch angezogen. Befallen sie die Kombucha-Kultur, ist diese nicht mehr zu retten und muss komplett entsorgt werden.

Unsere hier vorgestellten Fallen sind mindestens ebenso wirksam wie handelsübliche Fallen mit Klebeflächen, die wir bisher ausprobiert haben. Wichtig ist, dass der Lockstoff ungiftig ist.

Selbst gemachte Essig- und Fruchtfliegenfallen. So geht‘s:

Stellen Sie ein Glas mit Kombucha auf und geben wenige Tropfen Spülmittel dazu. Vorsichtig umrühren, damit kein Schaum entsteht. Wenn die Fliegen versuchen, auf der Flüssigkeit zu landen, gehen sie unter und ertrinken, weil das Spülmittel die Oberflächenspannung genommen hat.

Sie können auch den Behälter mit Alufolie abdecken, mit einem Gummiring verschließen und mit einem Nagel gewöhnlicher Stärke kleine Löcher in die Alufolie stechen. Die Löcher müssen so groß sein, dass die Fliegen hinein-, aber nicht mehr so leicht wieder herauskommen. Dann entsteht eine zusätzliche Falle, denn die Fliegen finden den Weg hinaus nicht mehr ohne weiteres.

Diesen Effekt hätte man bei Frischhaltefolie nicht, die auch verwendbar ist. Alufolie ist lichtundurchlässig, was ein weiterer Vorteil gegenüber Frischhaltefolie ist, weil die Fliegen sich zum Licht hin orientieren.

IV. Original-Kombucha.de – Wer wir sind und was wir bieten

1. Der Original-Kombucha-Teepilz OkiraVit® von Original-Kombucha.de

Der Original-Kombucha-Teepilz OkiraVit® von Original-Kombucha.de mit Ansatzflüssigkeit macht aus einfachem Tee ein köstliches Wellnessgetränk der Extraklasse mit wertvollen Inhaltsstoffen, die der Körper täglich braucht.

Seine hochvitalen Inhaltsstoffe erzeugt die sagenumwobene Original-Kombucha-Kultur in ihrer jeweiligen Umgebung vollkommen natürlich. Und genau darin liegt ihre Stärke: Die Inhaltsstoffe von Kombucha sind zwar immer ähnlich und doch immer auch ein klein wenig anders.

Diese naturbedingten Unterschiede dürfen jedoch nicht verwechselt werden mit Verunreinigungen der Kultur mit Fremdkeimen durch unhygienischen Umgang. Zwar verfügt Kombucha dagegen über eine eigene, beachtliche Regenerationsfähigkeit, die man aber nicht überstrapazieren sollte.

Wir halten hohe Hygienestandards ein. Regelmäßige Laboruntersuchung unserer Kombucha-Kultur nach den Richtlinien für Lebensmittel sorgen für zusätzliche Sicherheit.

Unsere Frischegarantie gewährleistet, dass jede Kombucha Kultur garantiert erst am Tag des Versands mit der jeweiligen Menge Ansatzflüssigkeit hygienisch im Folienbeutel fest verschlossen. Andere Anbieter hingegen bewahren Kombucha im verschlossenen Glas mit Schraubverschluss auf und bieten Kombucha mit monatelangem Haltbarkeitsdatum an. Das ist bedenklich, da die Qualität der Kombucha-Kultur darunter leidet, wenn nicht sogar unbrauchbar wird. Kombucha benötigt Sauerstoff für den Stoffwechsel und kann unter Luftabschluss nur bedingt vital bleiben.

Unsere Kultur ist 100 Prozent original und nicht durch zugesetzte Zellen im Labor verunreinigt. Von Original-Kombucha.de erhalten Sie ausschließlich 100 Prozent originale Kombucha-Kulturen. Sie sind vollkommen natürlich in einem traditionellen Verfahren entstanden und nicht mit zugesetzten Zellen denaturiert. Sie sind liebevoll gepflegt und kommen aus der kristallklaren Bergwelt im bayerischen Zugspitzland.

Zur Kombucha-Herstellung zu Hause ist es ausreichend, wenn Sie die hier beschriebenen Hygieneregeln einhalten. Jeder kann damit Kombucha mit besten Ergebnissen zu Hause einfach selbst machen. Die kultureigene Regenerationsfähigkeit, beispielsweise durch den niedrigen pH-Wert und die natürlich enthaltene Propionsäure, bietet dann einen sehr guten Schutz.

Kombucha – ein Jungbrunnen für mehr Vitalität und Wohlbefinden und ein köstlich-fruchtig-prickelnder und unvergleichlicher Genuss.

Jeder kann von diesen Kräften der Natur profitieren und das legendäre Kombucha-Getränk einfach zu Hause selbst herstellen. Mit ein wenig Übung ist das ganz einfach. Im Handumdrehen entstehen auch exklusive Kreationen. Die Variationsmöglichkeiten sind grenzenlos. Wir zeigen genau, wie das geht, Schritt für Schritt als Video und in unserer Anleitung zur Herstellung. Diese bekommen Sie auch kostenlos als Download auf unserer Webseite.

2. Was macht den Kombucha-Teepilz OkiraVit® von Original-Kombucha.de zum Original?

Die Kombucha-Kultur von Original-Kombucha.de ist das Ergebnis jahrzehntelanger, persönlicher Erfahrungen und der langen Suche nach einer besonders wertvollen und schmackhaften Kultur. Hier gibt es durchaus Unterschiede.

Bei der Begegnung mit einem etwas eigensinnigen und leidenschaftlichen Sammlers von Kombucha-Kulturen unterschiedliche Herkunft hat uns die Qualität seiner „Königin aus Reinkultur“ wegen ihres exzellenten Geschmacks überzeugt. Wir entschlossen uns, diesen „Schatz“ möglichst vielen Menschen zugänglich zu machen. Das war die Geburtsstunde von Original-Kombucha.de. Diese „Kombucha-Königin“ ist die Mutterkultur, deren Nachkommen wir Ihnen anbieten.

Ein traditionelles, vollkommen natürliches und in Vergessenheit geratenes Verfahren zur Regeneration und Revitalisierung ist von Original-Kombucha.de wiederentdeckt worden. Diesen Revitalisierungsprozess durchläuft jede Kultur von Original-Kombucha.de. Dieses uralte Wissen ist von uns in jahrelangen Versuchen verfeinert worden und heute unser gehütetes Geheimnis. So können wir gleichbleibende Spitzenqualität aus Reinkultur gewährleisten.

Die fast immer besonders gleichmäßig gewachsenen O-kiraVit®-Original-Kombucha-Teepilze von Original-Kombucha.de sind unser Markenzeichen. Wie wir dieses gleichmäßige Wachstum auf vollkommen natürlichem Weg erreichen, bleibt ebenfalls unser Geheimnis.

Gleichmäßiges Wachstum des Kombucha-Teepilzes gelingt bei einem lebendigen Prozess trotz unseres kleinen Tricks leider nicht ausnahmslos und ist auch wie zuvor erwähnt nicht zwingend ein Qualitätsmerkmal.

Im richtigen Licht ist ein gleichmäßig gewachsener Kombucha-Teepilz jedoch einfach wunderschön anzusehen. Er erscheint je nach Flüssigkeitsgehalt immer etwas anders. Im passenden Licht schimmert er dann fast goldfarben oder wie leuchtendes Rauchglas.

Die wichtigsten Einflussfaktoren für ein gleichmäßiges Wachstum möchten wir Ihnen daher verraten: Es ist die Tee- und Zuckersorte, ihr Mischungsverhältnis und es sind günstige Rahmenbedingungen, wie die Umgebungstemperatur und die Ruhe, während des Wachstums. Sicher werden auch Sie bei der hauseigenen Herstellung immer wieder solche wunderschönen und ebenmäßigen „Teepilzbabys“ erhalten.

Die offizielle Bestätigung dafür, dass die Qualität der Mikroorganismen (Hefen und Essigsäurebakterien) unserer Mutterkultur typisch ist für Kombucha, wird Original-Kombucha.de vom Zentralinstitut für Ernährungs- und Lebensmittelforschung (ZIEL) der Universität München bestätigt. Diesen Nachweis finden Sie auf unserer Webseite.

Die DSMZ – Deutsche Sammlung von Mikroorganismen und Zellkulturen GmbH (www.dsmz.de) ist die anerkannte Sammelstelle für Mikroorganismen und Zellkulturen in Deutschland. Auch sie besitzt Kombucha-Kulturen und sagt, dass die kulturbildenden Mikroorganismen (Hefen und Essigsäurebakterien) ihrer Kultur nur beliebige kombuchatypische Mikroorganismen sind. Die Mikroorganismen, aus denen deren Kombucha-Kultur besteht, sind also nur eine beliebige Lebensgemeinschaft kombuchatypischer Mikroorganismen. Original-Kombucha.de macht den Unterschied!

3. OkiraVit ® – was bedeutet das eigentlich?

OkiraVit ® ist unsere eigene Wortschöpfung. „Okira“ klingt asiatisch (japanisch). Der Zusatz „Vit“ kann als Kurzform von Vitalität oder von Vitaminen verstanden werden. „OK“ sind die Initialen von Original-Kombucha.

In OkiraVit ist das Wort KRAVT (oKiRAViT). KRAVT wird gesprochen wie Kraft, im Sinne von Stärke und Vitalität. CRAVT wiederum bedeutet in der Übersetzung aus dem Englischen handwerklich herstellen, fertigen.

Kombucha hat seinen Ursprung der Überlieferung nach in Asien. Es wird in unserer Bio-Manufaktur handwerklich hergestellt (CRAFT) und ist kraftvoll und vital (KRAVT).

Unser Markenname OkiraVit® stellt also bei tieferer Betrachtung durch seinen asiatischen Wortklang, der Endung „Vit“ und der darin enthaltenen Buchstabenfolge KRAVT eine Verbindung her zwischen der asiatischen und der europäischen Kultur, und zu Kombucha, das kraftvoll und vital ist, wenn es selbst hergestellt wird.

4. Woher hat der Kombucha-Teepilz OkiraVit® seine Farbe?

Die Kombucha-Kultur ist farblos. Der Kombucha-Teepilz nimmt jedoch immer die Farbe des Tees an, in dem er wächst. Verwendet man beispielsweise roten Früchtetee, färbt sich der Kombucha-Teepilz entsprechend rosa-rot.

Wir bieten inzwischen ausschließlich den Original-Kombucha-Teepilz *FRESH* aus Grünem Tee mit beiger Färbung an.

Lange Zeit hatten wir den Original-Kombucha-Teepilz *FRUIT* aus Früchtetee im Angebot. Da sich diesen jeder selbst ganz einfach herstellen kann und als Basis immer auch einen Anteil Grüntee hatte, haben wir diese Herstellung eingestellt.

5. Das Komplett-Set und das Start-Set

Im Komplett-Set bekommen Sie alles, was Sie für die Herstellung des Kombucha-Getränks benötigen:

Ein Gärglas, Tee, Zucker, einen Teefilter, einen Trichter, ein Sieb, fünf Abdeckpapiere und fünf Gummiringe.

Mit einem Topf und heißem Wasser können Sie sofort

starten. Die Herstellung von Kombucha mit unserem Komplett-Set wird im Video auf unserer Webseite Schritt für Schritt gezeigt.

Sie erhalten die Original-Kombucha-Kultur aus eigener Herstellung mit Anwuchs- und Frischegarantie. Jeder Kombucha-Teepilz wird mit Ansatzflüssigkeit erst am Tag des Versands abgepackt.

Original-Kombucha.de bietet Komplett-Sets mit unterschiedlich großen Gärgläsern ab drei Litern an. Sie sind besonders geeignet für die Herstellung des Kombucha-Getränks, weil sie an ihrem schmalen Außenhals über eine leichte Einkerbung verfügen, an der ein einfacher Gummiring das Abdeckpapier stabil fixieren kann. Fruchtfliegen finden dort kein Schlupfloch mehr.

Zudem sind sie im Vergleich zu Keramik- oder Tongefäßen deutlich leichter. Komplett-Sets sind auch als Geschenk für gesundheitsbewusste Freunde geeignet!

Wählen Sie ein Gärglas in der Größe, die zu Ihnen passt.

So berechnen Sie das Fassungsvermögen des Gärgefäßes für Ihren Bedarf:

a. Nehmen Sie die Anzahl der Personen, die von dem fertigen Kombucha-Getränk trinken.

b. Addieren Sie die ungefähren täglichen Trinkmengen aller Personen.

c. Multiplizieren Sie diese Summe mit zehn. Zehn Tage dauert es im Durchschnitt, bis der Ansatz fertig ist.

d. Addieren Sie zusätzlich zehn Prozent dieser Summe hinzu, weil etwa zehn Prozent der Menge als Ansatzflüssigkeit für den nächsten Brauvorgang benötigt werden.

Im Ergebnis erhalten Sie die ungefähre Literangabe für Ihren Bedarf je Brauvorgang. Diese Menge kann jedoch nicht mit dem entsprechenden Fassungsvermögen eines Gärglases hergestellt werden, denn die Angabe des Fassungsvermögens bezieht sich auf die Menge, die ein Glas fassen kann, bis es randvoll ist.

Da der Kombucha-Teepilz sich auf einer möglichst großen Oberfläche ausdehnen soll, also nicht in dem Teil des Gefäßes, an dem es sich verengt, kann das Fassungsvermögen eines Gärglases nicht ganz ausgeschöpft werden. In einem 5-Liter-Gärglas können Sie etwa 4,5 Liter Kombucha herstellen.

Mit mehreren kleineren Gärgläsern erreichen Sie selbstverständlich auch eine größere Menge. Ein großes Glas ist jedoch leichter handhabbar als mehrere kleine.

Rechenbeispiel für die Größe des Gärglases für eine Person:

Wer täglich zwei Gläser Kombucha trinkt (400 ml), verbraucht während einer Gärdauer von zehn Tagen vier Liter. Das Gärglas für fünf Liter ist hier geeignet, weil zu der Trinkmenge von vier Litern 400 Milliliter (also zehn Prozent) addiert werden müssen und so das Fassungsvermögen des Glases nicht voll ausgeschöpft wird.

Bitte beachten Sie:

Für die Herstellung des Kombucha-Getränks erhalten Sie den Original-Kombucha-Teepilz mit etwa 100 ml fertigen Kombucha-Getränks (Ansatzflüssigkeit) zur Ansäuerung pro Liter Teeansatz. Für zehn Liter würden Sie also etwa einen Liter fertiges Kombucha-Getränk benötigen.

Ist der Anteil geringer, kann der Prozess auch gelingen, allerdings besteht dann die Gefahr, dass wegen zu niedrigen Säureanteils der gesamte Ansatz mit dem Pilz schimmelt oder sich andere Fremdkeime einnisten.

Den Original-Kombucha-Teepilz OkiraVit® bekommen

Sie von Original-Kombucha.de auch im Start-Set. Das ist jeweils ein Original-Kombucha-Teepilz OkiraVit® mit Ansatzflüssigkeit, entsprechend der Set-Größe geeignet für die Herstellung von zunächst je ein bis zehn Litern Kombucha.

6. Nicht alles, was säuert und aussieht wie Kombucha, ist auch Kombucha!

Den Original-Kombucha-Teepilz OkiraVit® bekommen Sie von Original-Kombucha.de für einen gelungenen Start immer mit ausreichend Bio-Ansatzflüssigkeit (fertiges Bio-Kombucha-Getränk) und Anwuchsgarantie aus der kristallklaren Bergwelt des bayerischen Zugspitzlandes zum Erstansatz. Die Mutterkultur ist das unverfälschte Original, zertifiziert durch das Zentralinstitut für Ernährungs- und Lebensmittelforschung (ZIEL) der Universität München in seinem Analysebericht.

Laborprüfberichte zur Überprüfung der lebensmittelrechtlichen Vorgaben werden von Original-Kombucha.de regelmäßig und freiwillig in Auftrag gegeben und bescheinigen, dass unsere Kombucha-Kultur mikrobiologisch einwandfrei ist. Der jeweils letzte Bericht wird immer auch auf unserer Webseite in unserem Shop veröffentlicht.

Die Herstellung der Kultur von Original-Kombucha.de untersteht außerdem der staatlichen Aufsicht und Kontrolle durch das Gesundheitsamt Garmisch Partenkirchen entsprechend §42 LMBG u.a.

Original-Kombucha.de ist als Bio-Betrieb zertifiziert von einer anerkannten ÖKO-Kontrollstelle. Das jeweils aktuelle Zertifikat finden Sie auf unserer Webseite.

Bio-Qualität ist bei Kombucha nicht selbstverständlich. Sie ist abhängig von der Bio-Qualität der Zutaten. Wird in der Herstellung Zucker und Tee aus konventionellem Anbau verwendet oder beigemischt, kann auch Kombucha keine Bio-Qualität haben.

Jeder Original-Kombucha-Teepilz OkiraVit® von Original-Kombucha.de entsteht in liebevoller, sorgfältiger, traditioneller Vermehrung unter idealen Bedingungen. Der Original-Kombucha-Teepilz von Original-Kombucha.de ist ganz jung, hat noch keine „Ableger" gebildet und dadurch keine dunklen Schichten. Gelegentlich kann der Kombucha-Teepilz insgesamt etwas dunkler aussehen. Das kommt dann von einem etwas höheren Hefeanteil.

Wir verwenden keine getrockneten oder tiefgefrorenen Kulturen.

7. Wer ist Original-Kombucha.de?

• OkiraVit® ist die Eigenmarke von Original-Kombucha.de und Produzent des Original-Kombucha-Teepilzes mit Ansatzflüssigkeit zur Herstellung von Kombucha

• Original-Kombucha.de ist Europas größter, spezialisierter Anbieter für den Original-Kombucha-Teepilz mit Ansatzflüssigkeit in Markenqualität. Andere Anbieter sind nicht spezialisiert auf Kombucha, sondern züchten verschiedene Gärgetränkekulturen parallel.

• Der Original-Kombucha-Teepilz OkiraVit® ist von der Technischen Universität München (TU), Zentralinstitut für Ernährungs- und Lebensmittelforschung (ZIEL), mit einem Qualitätsnachweis als Original-Kombucha-Kultur bewertet.

• Eine Manufaktur mit über 30-jähriger Erfahrung des Inhabers in Herstellung und Pflege der Kombucha-Kultur.

• Anbieter von Spitzenqualität.

• Zertifizierter Bio-Betrieb mit dem Siegel der BIO EG-Öko-Verordnung.

• Der Inhaber von Original-Kombucha.de ist Autor dieses wahrscheinlich umfassendsten, praxisorientierten Nachschlagewerks zur Herstellung von Kombucha und Pflege der Kombucha-Kultur. Die Übersetzung des Buches in weitere Sprachen ist geplant.

8. Original-Kombucha.de. Idee und die Philosophie

Jeder Betrieb, von der kleinbäuerlichen Landwirtschaft bis zum Industriekonzern, lebt von der Idee für ein Produkt oder eine Dienstleistung.

Dieses Produkt oder diese Dienstleistung soll im besten Fall Menschen helfen oder dazu beitragen, deren Leben zu erhalten oder zu verbessern und die Lebensqualität zu erhöhen. Lebensmittel sollen zunächst einmal Leben erhalten und befriedigen das Grundbedürfnis nach Nahrung. Nahrung sollte immer auch gut schmecken und genussvoll sein, ein wichtiges Merkmal für Qualität.

Lebensmittel werden heute als Produkte ständig neu erfunden und in immer aufwendigeren und spezialisierteren industriellen Fertigungsprozessen mit hohem Energieverbrauch verarbeitet und haltbar gemacht.

Hierdurch verändern sie sich und verlieren ihre ursprüngliche Qualität. Künstliche oder sogenannte „natürliche“ Geschmacksstoffe werden fast ausnahmslos hinzugefügt.

Bis beispielsweise eine Champignoncremesuppe als Instantprodukt aus der Tüte nach Champignons zu schmecken scheint, muss sehr viel hinzugefügt werden. Eine solche Suppe enthält im Durchschnitt nur die Menge eines kleinen Champignons. An die erforderlichen und überwiegend unnatürlichen Geschmacksstoffe sollen möglichst schon Kinder gewöhnt werden, damit sie früh lernen, diese Produkte zu mögen und sie dann lebenslang zu kaufen. Dieses Prinzip dominiert auch die Getränkeindustrie.

Original-Kombucha.de lebt von einer anderen Idee. Wir möchten Menschen in die Lage versetzen, ein natürliches und ursprüngliches Lebensmittel in Bio-Qualität selbst herstellen zu können. Diese Idee ist auf sehr fruchtbaren Boden gefallen. Das bestätigt unser beständig wachsender Erfolg. Und diesen Erfolg verdanken wir der zunehmenden Nachfrage und der wachsenden Zahl unserer Kundinnen und Kunden.

Wir danken an dieser Stelle allen Kundinnen und Kunden herzlich für ihr Interesse am Original-Kombucha-Teepilz

OkiraVit® und für das Vertrauen, das sie uns entgegenbringen. Dadurch leisten Verbraucherinnen und Verbraucher einen wichtigen und wertvollen Beitrag zur Rückbesinnung auf eine ursprüngliche, natürliche und nachhaltige Lebensmittelherstellung. Ihr Beitrag zum bewussten Umgang mit den begrenzten Ressourcen und zum Schutz unserer Umwelt im Sinne biologisch-ökologischer Grundsätze.

Möge sich diese Idee immer weiterverbreiten und immer mehr Menschen zu einem bewussteren Umgang mit unseren begrenzten Ressourcen anregen. Wir möchten alle Leserinnen und Leser dafür gewinnen, Kombucha selbst herzustellen und in diesem Bewusstsein als genussvoll gelebten, aktiven Umweltschutz und Rückbesinnung auf natürliche, gesunde Lebensmittel zu teilen, besonders auch mit jungen Menschen.

Besuchen Sie Original-Kombucha.de auf Facebook und zeigen Sie, dass Ihnen Kombucha gefällt. Damit helfen Sie, diese Idee weiter zu verbreiten, Kombucha bekannter zu machen und immer mehr Menschen für dieses natürliche Getränk zu begeistern!

Original-Kombucha.de auch auf Facebook: https://www.facebook.com/originalkombucha (anklicken im E-Book oder in die Adresszeile Ihres Browsers einfügen). Zeigen Sie in Facebook, dass Sie Kombucha mögen.

Herzlichen Dank!

V. Rezepte mit Kombucha

Kombucha-Ingwer-Tee

Ingwer ist neben Zitrone der Klassiker für Kombucha.

Zutaten:

300 ml Kombucha
1 Stück frischen Ingwer
1 TL Ahorn Sirup, ersatzweise Agavensirup oder Honig

Zubereitung:

Kombucha in einem Topf ein wenig erwärmen. Den Ingwer fein reiben und mit dem Ahornsirup mischen. Zusammen in den Kombucha einrühren und kurz ziehen lassen. Den Ingwer bei Bedarf heraussieben und sofort genießen! Köstlich.

Kombucha mit Holunderblütengeschmack

Ist Kombucha zu sauer geworden, um ihn pur zu trinken, dann ist er gemischt mit ein Holuderblütensirup, Wasser und Eiswürfeln ein Genuss!

Es geht natürlich auch, wenn er einen durchschnittlichen Säuregehalt hat,

So geht`s (ungefähre Angaben):

0,5 L Kombucha
2 EL Holunderblütensirup
0,4 L Wasser
ein Hand voll Eiswürfel

Alles mischen. Fertig. Sehr erfrischend.

Kombucha Himbeer-Shake

Überraschen Sie Ihre Gäste mit etwas Besonderem.

Zutaten für 3 Drinks:

200 g Himbeeren
50 ml Kombucha-Teegetränk
75 ml Birnensaft
200 ml milder Joghurt oder Kefir
75 ml Mineralwasser

zur Dekoration:

Nach Belieben mit Himbeeren, Beeren der Saison und Minzblatt.

Zubereitung:

Himbeeren verlesen. Himbeeren, Kombucha, Birnensaft, Joghurt od. Kefir und Mineralwasser in einen Universalzerkleinerer geben und auf höchster Stufe pürieren.

In Gläser füllen und nach Belieben mit Himbeeren und andere Beeren der Saison verziert servieren und einem Minzblatt. Ergibt ca. 550 ml.

Pina Colada-Kombucha

Dies ist ein Kombucha Rezept, das wir besonders mögen.

Man fühlt sich, als wäre man an Strand und schlürft einen süffigen Pina Colada. Auch Kinder lieben seinen süßen Kokosgeschmack.

Zutaten:

1 frische Ananas, ersatzweise aus der Dose
3-5 EL Ananassaft
ca. 1-2 EL Kokos-Milch aus der Dose

Zubereitung:

Geben Sie den Ananassaft und die Kokosmilch mit ca. 0,3 Liter Kombucha in Ihr Glas, Deckel drauf und kräftig schütteln, um alles gut zu mischen.

Lassen Sie diese Mischung ca. 24 Stunden im Kühlschrank ruhen, damit sich die Aromen besser entfalten können.

Mit der Ananas dekorieren Sie den Pina-Colada Kombucha. Sie ist auch eine Beigabe als "Frucht-Snack". Es geht natürlich auch ohne.

Viel Erfolg und besten Genuss.

Kombucha fruchtig

Kombucha einfach mal anders. Und hier liegt die Betonung auf einfach.

Kombucha schmeckt ja schon sehr lecker bei dem richtigen Verhältnis von süß-sauer. Nehmen Sie einfach anstatt nur Grün- bzw. Schwarztee eine Mischung von etwa 80 % Früchtetee (handelsüblichen Hagebutten-Hibiskus Tee) und

20% Grün- oder Schwarztee.

Mit einer Scheibe Zitrone und vielleicht noch Minzblättern dekoriert, wird Kombucha (auf Eis) zur fruchtigen Überraschung. Probieren Sie es einmal aus!

Kombucha-Minz-Whiskey-Cocktail

Dieser Kombucha-Cocktail betört die Sinne in einer lauen Sommernacht, oder zu Hause, ganz gemütlich.

Zutaten für 1 Cocktail:

12 cl Kombucha
6 cl Bourbon Whiskey
1 TL Honig in 1 EL warmem Wasser aufgelöst
3 Eiswürfel
1 Zweig frische Minze
1 kleine Stange Zitronengras
1 Orangenscheibe

Zubereitung:

1. Minzblätter in einem Whiskey-Glas mit starkem Boden zerstoßen.
2. Den Whiskey, Kombucha, Honig und das Eis in einen Cocktail-Shaker und sanft schütteln.
3. Den Drink über die zerstoßene Minze in das Whiskey-Glas gießen.

4. Die Orangenscheibe auf die Zitronengrasstange spießen und damit den Cocktail höchst aromatisch garnieren.

Kombucha-Gesicht-Wäsche

Waschen Sie Ihr Gesicht mit Kombucha. Das belebt die Haut und regt die Durchblutung kräftig an.

Eine Wohltat für die Gesichtshaut. Kombucha soll Falten glätten können. Die Wirkung ist sofort spürbar. Ob früh morgens oder vor dem Schlafengehen.

Man nehme:

- Waschlappen
- warmes Wasser
- Kombucha oder Kombucha Essig (Kombucha-Essig ist etwa 4-6 Wochen gereifter Kombucha)

Feuchten Sie den Waschlappe mit warmem Wasser an und wringen ihn dann stark aus. Geben Sie jetzt den Kombucha auf den Waschlappen und lege ihn auf Ihr Gesicht. Pressen Sie ihn für einige Sekunden oder länger auf Ihr Gesicht. Entspannen Sie sich dabei und atmen tief und ruhig. Erleben Sie diese Prozedur mit allen Sinnen. Wiederholen Sie das Ganze nach Belieben.

Waschen Sie Ihr Gesicht anschließend mit warmem Wasser.

Die einfachere Variante:

Kombucha nach der Gesicht Wäsche als Gesichtswasser verwenden und nicht abwaschen.

Kombucha-Bier mit Zitrone

Kombucha-Bier mit Zitrone. Ein erfrischender Genuss.

Dieses Rezept hat einiges an Entwicklungsarbeit gekostet und ist das Ergebnis von vielen Versuchen, obwohl es so einfach erscheint. Das Mischungsverhältnis macht´s.

Bier hat eine gewisse Verwandtschaft zu Kombucha. Beides ist gegoren. Beide Getränke in Verbindung mit Zitrone machen ein ganz neues Geschmackserlebnis mit Effekt von viel weniger Alkohol.

Nimmt man alkoholfreies Bier und alkoholfreies Hefeweizen ist hier besonders zu empfehlen, stellt sich die Frage ohnehin im Grunde nicht mehr. Hier das Rezept:

Zutaten:

0,5 Liter Kombucha, 0,5 Liter helles Bier, 1/4 Zitrone

Zubereitung:

Füllen Sie das Bier in einen Bierkrug. Geben Sie dann vorsichtig den Kombucha hinzu. Dann träufeln Sie den Saft der Zitrone darüber.

Bezugsquelle

Informationen, Beratung und Verkauf

Den Original-Kombucha-Teepilz OkiraVit® in Bio-Qualität aus dem Zugspitzland mit Anwuchsgarantie und Qualitätsnachweis durch das Zentralinstitut für Ernährungs- und Lebensmittelforschung (ZIEL) der Universität München (TU),
gibt es nur von:

Original-Kombucha.de

OkiraVit®

Inh. H. Karl, Online-Shop:

www.original-kombucha.de

Über den Autor

Der Autor Harald Karl hat ein sozialwissenschaftliches Studium absolviert (Dipl. Supervisor) und ist Pädagoge für psychosomatische Gesundheitsbildung.

Er beschäftigt sich seit 1990 mit Kombucha, zunächst durch die Herstellung von Kombucha für den eigenen Bedarf. Seine Begeisterung für das selbstgemachte Kombucha-Getränk und die Entdeckung einer besonders schmackhaften Kombucha-Kultur führte ihn dazu, den Original-Kombucha-Kultur in seiner Bio-Manufaktur herzustellen.

Seit 2008 ist ein moderner Online-Shop die Schnittstelle zu seinen Kunden. Hier gibt es den Original-Kombucha-Teepilz mit Ansatzflüssigkeit im Erzeuger-Direktverkauf unter dem Markennamen OkiraVit®.

Amazon ist seit vielen Jahren ebenfalls im Erzeuger-Direkt-Verkauf ein bewährter Verkaufsplatz für die Marke OkiraVit®.

Verwendete Literatur

- Asbach-Hoppe, Brunhilde; Ulmer, Günter A.: Gesundheits-Elixier Kombucha, Tuningen, ohne Datum

- Campobasso, Andreas: Stopp! Die Umkehr des Alterungsprozesses, München, 2008

- Childs, Eric und Jessica: Kombucha!, Der natürliche Energydrink, der vitalisiert, heilt und entgiftet, Kandern, 2015, Narayana Verlag GmbH

- Frank, Günther W.: Kombucha, Praxisgerechte Anleitung für Zubereitung und Anwendung, Stayr, Österreich, 2008

- Frank, Günther W.: Kombucha, Mythos, Wahrheit, Faszination, Stayr, Österreich, 1999

- Reiß, Jürgen: Deutsche Lebensmittel-Rundschau, 83. Jahrgang, Heft 9, 1987

Abbildungsverzeichnis

Abbildung 1 - Tee in das kochende Wasser geben .... S. 45

Harald Karl
TRANSFAIRMATION®
Erwecke den Magier in dir
Die 5 Schritte Formel für
Selbstbewusstsein, Gesundheit & Reichtum

TRANSFAIRMATION

„ERWECKE DEN MAGIER IN DIR“ ist die Mission der Marke Transfairmation.

Mit der 5 Schritte-Formel bietet sie dir eine mentale Übungspraxis, mit der du deine Bewusstseinsenergie einfach nutzen kannst, um dein Selbstbewusstsein zu stärken, deine Ziele zu erreichen und deine Wünsche zu erfüllen.

Das zentrale Element dafür ist die vollkommen neu entwickelte 5 Schritte Formel Transfairmation. Sie transportiert eine uralte Weisheit Buddhas. Sie ist unsichtbar, weil in der Sichtbarkeit verborgen. Ihr unerschöpfliches Potenzial wird nur von denen genutzt, die in die Tiefen der Geheimnisse dieser Weisheit eingeweiht sind.

Die 5 Schritte Formel macht dieses Wissen jetzt für jeden zugänglich. Sie ist verdichtet im Begriff Transfairmation und ihre einzelnen Elemente sind verborgen in den Bedeutungen der Farben und Formen des Symbols Transfairmation . Dir Formel, der Begriff und das Symbol sind ein Powerpaket und das Vehikel zu deinem grenzenlosen, geistigen Potenzial.

Neu ist es zudem, die probaten und manipulativen Mittel der Werbepsychologie mit ihrem Potenzial in diesem Zusammenhang zu verstehen und zu verwenden, um damit selbstbestimmt eigene Ziele mit ungewohnt großer Kraft zu verfolgen. Auch sie basieren auf den Kenntnissen dieses Wissens. Wie du davon profitieren kannst, ist ein weiterer Inhalt von Transfairmation.

Anhand vieler Beispiele werden dir Anwendungsmöglichkeiten der Methoden im Alltag gezeigt. Mit Transfairmation ist es möglich, auf praktisch alle Bereich des Lebens einzuwirken, die durch die Willenskraft beeinflusst werden können.

In unserem Alltag erleben wir beispielsweise immer wieder Situationen, in denen wir im Nachhinein lieber ganz anders gehandelt hätten. Mit einem kühleren Kopf wäre dir genau dann das Richtige eingefallen und mit etwas mehr Mut, hättest du souveräner gehandelt. Es ist nicht immer leicht, die richtigen Worte zu finden, mit andern und dir selbst besser umzugehen, besonders dann, wenn dir deine Gefühle im Wege stehen.

Nutze dein Potenzial. Du kannst aus festgefahrenem Verhalten ausbrechen und einfach viel öfter so handeln, wie du es dir wünschst. Es funktioniert. Du kannst deine Gewohnheiten ändern, denn das Potenzial dazu ist in dir.

Diese Beispiele zeigen dir, wie du von Magie in ganz alltäglichen Situationen profitieren kannst. Die Anwendungsmöglichkeiten sind jedoch grenzenlos, denn das Prinzip ist universell. Magie bedeutet, die Wirklichkeit willentlich zu beeinflussen.

Mit der vollkommen neu entwickelte Formel Transfairmation kannst du dich in jedem Augenblick mit diesem Potenzial verbinden und deine Kraft spüren. Sie ist dir so nahe, dass du sie meist übersiehst. Das Symbol und die 5 Schritte Formel sind der Schlüssel dazu.

In diesem Buch erfährst du genau, wie es funktioniert. Du kannst sofort damit beginnen. Sobald du das Prinzip kennst, kannst du es anwenden. Durch Übung entwickelst du deine magischen Fähigkeiten zunehmend stärker und wirst wirksamer. Werde Magier, und du beginnst ein kleines oder vielleicht auch ein großes Abenteuer.

TRANSFAIRMATION –
Der magische Schlüssel zu deiner Kraft

Der Schlüsselanhänger
TRANSFAIRMATION
ERWECKE DEN MAGIER IN DIR

Entdecke TRANSFAIRMATION:

Besuche unsere Webseite
www.transfairmation.com

Besuche unseren Store bei Amazon
www.amazon.de/transfairmation

Printed in Poland
by Amazon Fulfillment
Poland Sp. z o.o., Wrocław

65972484R00087